チェリブラⅢ世航海記

―太平洋横断―

杉山四郎 著

チェリブラⅢ世航海記 ―太平洋横断―
目　次

チェリブラⅢ世　各部の名称

第 1 章　ヨットで遠くまで行きたい

夢…ヨットで遠くへ ……9

ヨット入門 ……9

チリ津波…一夜にしてヨットが消えた ……10

遭　難 ……12

準備…構想 ……15

出会い…良知さん、田辺さん ……18

クルーザー入門 ……19

式根島へクルーズ ……20

あわや遭難 ……22

家族の説得 ……27

艇探し ……29

"マーメイドⅡ"…堀江謙一さんを探して ……34

おけらグループとの出会い ……38

造　船 ……41

ヨットレース ……46

艤　装 ……48

2 人になった ……51

進水式 ……55

テストセーリング…三浦半島へ ……56

辺さんが断念… 1 人になった ……60

装備品 ……61

搭載品 ……64

"ひねもす" 林艇長…関西ネットワーク ……65

鈴木良雄君…一緒に乗せて下さい ……67

また2人になった ……68

最後の艤装 ……69

テストセーリング…八丈島へ ……70

ウィンドベーン（自動操舵装置）……77

出航手続き…ビザ ……79

出航手続き…外貨 ……81

資金難 ……83

出航日を決める ……84

積み込み ……85

出航日まであと3日 ……86

出航前日 ……87

5月19日（日）出航…サンフランシスコめざして ……91

第2章　チェリブラⅢ世航海日誌

1日目・1974年5月19日…オミオクリ アリガトウ サヨウナラ サヨウナラ ……97

2日目・5月20日…太平洋へ出た ……101

3日目・5月21日…初めての時化・横倒し ……102

4日目・5月22日…漂泊 ……106

5日目・5月23日…戻りませんか？ ……106

6日目・5月24日…食欲大 ……109

7日目・5月25日…家族の声を聞く ……110

8日目・5月26日…身体が慣れてきた ……112

9日目・5月27日…2度目の時化 ……113

10日目・5月28日…さんま飛び込む ……115

11日目・5月29日…予定コースに乗った ……116

12日目・5月30日…速度計破損・大掃除 ……117

13日目・5月31日…スピードメーター直らず ……119
14日目・6月1日…ベタ凪 ……121
15日目・6月2日…3度目の時化 ……122
16日目・6月3日…漂泊解除 ……123
17日目・6月4日…船首から浸水 ……126
18日目・6月5日…初めての酒盛り ……127
19日目・6月6日…快調 太陽がのぞいた ……127
20日目・6月7日…魚が釣れた？ ……129
21日目・6月8日…水中を走る ……131
22日目・6月9日…4度目の時化 ……132
23日目・6月10日…無線機トラブル ……133
24日目・6月11日…トラブル回復 ……135
25日目・6月12日…鳥が釣れた ……137
26日目・6月12日…日付変更線を越えた ……138
27日目・6月13日…ミッドウェー北方で英霊を慰める ……139
28日目・6月14日…ロランチャート終わる ……141
29日目・6月15日…家族と交信 ……143
30日目・6月16日…無風帯 ……144
31日目・6月17日…髭剃り ……145
32日目・6月18日…ワクワク ソワソワ ……147
33日目・6月19日…顔が引きつる ……148
34日目・6月20日…ジブセール破れる ……149
35日目・6月21日…イナンナ号がSOS ……151
36日目・6月22日…風が変わった ……153
37日目・6月23日…イナンナの金子さん救助される ……154
38日目・6月24日…霧が深い ……155
39日目・6月25日…初めての行水 ……157
40日目・6月26日…ロランチャート入手 ……158
41日目・6月27日…5度目の時化 ……160

42日目・6月28日…4分の3走破 ……161
43日目・6月29日…飛び込んだ ……162
44日目・6月30日…コンテナー船と会話 ……163
45日目・7月1日…のんびり ……168
46日目・7月2日…あと10日か11日 ……169
47日目・7月3日…シスコまであと20度 ……170
48日目・7月4日…眠い ……172
49日目・7月5日…あと8日 ……173
50日目・7月6日…気圧が下がり始めた ……174
51日目・7月7日…6度目の時化 ……175
52日目・7月8日…14時間眠った ……175
53日目・7月9日…あと4日 ……176
54日目・7月10日…ロランから煙 ……177
55日目・7月11日…とても眠い ……179
56日目・7月12日…到着前夜 ……180
57日目・7月13日…着いた ……181

あとがき ……191

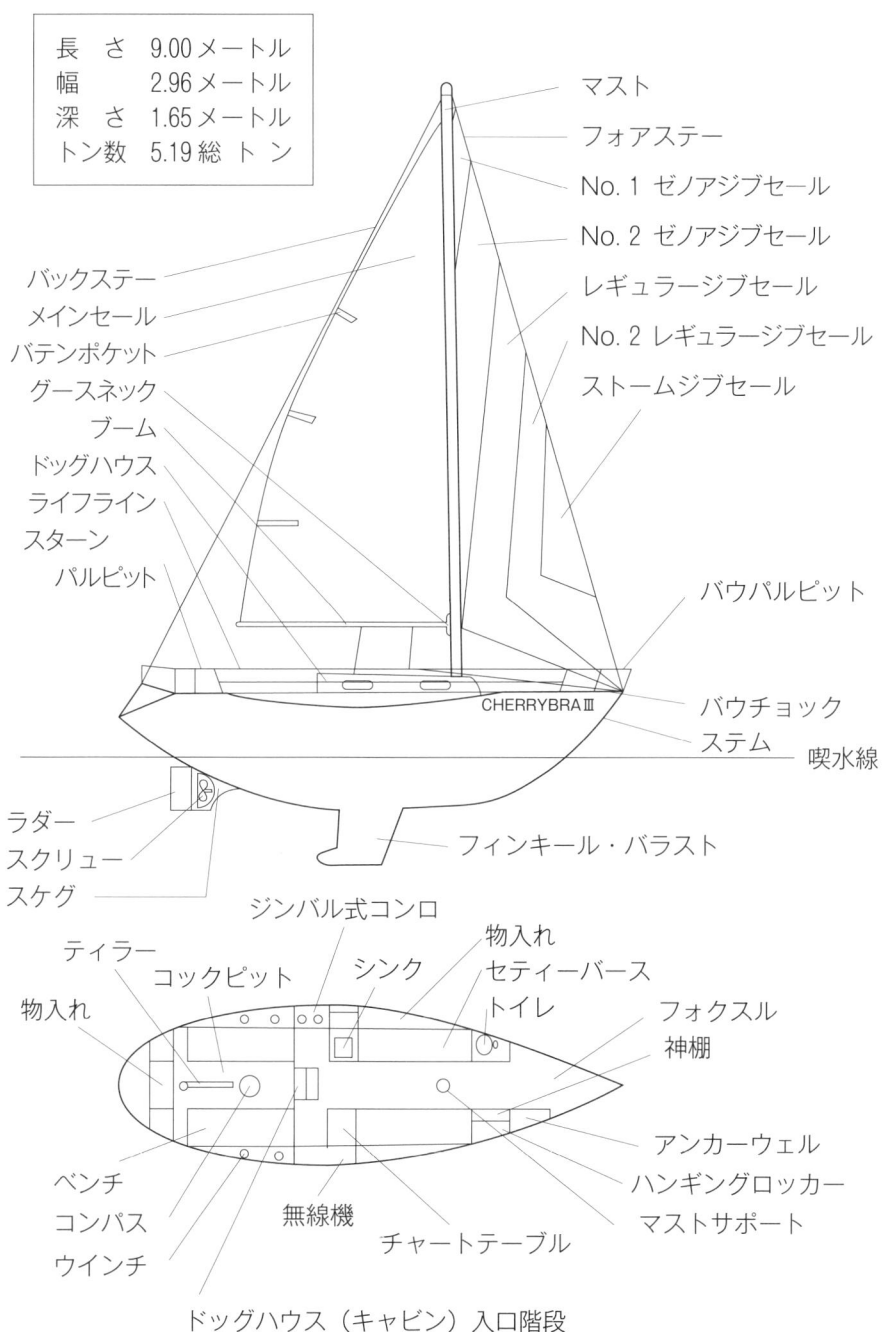

第1章
ヨットで遠くまで行きたい

第1章　ヨットで遠くまで行きたい

　とうとうやって来たサンフランシスコ！　夢にまで見たゴールデンゲートブリッジ！
　これまでの道のりは長かった。

夢…ヨットで遠くへ

　ヨットで太平洋を渡りたいと思ったのは20歳の時、ヨット仲間との新年会の折だった。場所は清水市（現、静岡市清水区）三保の浜辺、出来たばかりの艇庫前に清水ヨットクラブのメンバー10数人が集まった時のことだった。
　昼頃、岸上浩さんと「ヨットで遠くまで行きたい、アメリカまで」「いつ頃？」「10年位したら」。この会話が太平洋横断を夢見た初めてのものだった。
　この時は具体的なものは何もなく、ただの夢。
　時に1964年正月のことだった。

ヨット入門

　ヨットに乗せてもらったのは13歳の夏だった。それまでにヨットを見たことはあるが乗ったことはない。袖師の海水浴場には、シーズンになるとたくさんの貸ボートとともに貸ヨットも3〜4艇あったが、遠くから見ていただけ、小学生の頃だ。
　初めて乗ったのは中学１年の時、清水海洋少年団に入ってからのことだった。この頃、景勝地「三保の松原」にほど近い清水市三保折戸という所に東京商船大学の清水分校があり、そこのヨット部の人たちが海洋少年団の指導をしてくれていた。
　海洋少年団の活動は、商船大学の海岸教室をベースにして行われていた。カッター・手旗・ロープ・水泳などを教わってい

るうちに、すぐ横で活動しているヨット部のお兄さんたちと仲良くなった。

　夏休みに入った頃から、海洋少年団の活動日でない日も三保の商船大学へ行くようになった。そして、ヨットのそばにいて艇を出す時には手伝った。揚げる時も手伝った。

　そんなある日、「おまえ乗れ」と言われて乗せてもらったのが生まれて初めてのヨットだ。この時はA級ディンギーのクルーとして艇の前の方に座っていただけだったが、次の日も乗せてもらえた。

　時に1957年7月のことだった。

チリ津波…一夜にしてヨットが消えた
　1960年（昭和35年）2月、高校1年の時のこと。「商船大学がヨットの払い下げをする」という話を聞き、大学ヨット部の先輩に頼んでA級ディンギーを無料で払い下げてもらった。初めて持てた自分のヨットにワクワクした。とても嬉しかった。

　さっそく、整備に取り掛かった。5月までの毎日、学校から帰ると着替えだけして三保へまっしぐら。三保の商船大学へは自転車で30分位かかった。

　大学の海岸教室は6棟ほどあったが、その一番奥の棟の片隅に格納させてもらい、ここで手入れをした。寒い時期だったが充実した一時期だった。船底の亀裂には「まきはだ」を詰め、艤装品はピカピカに磨きあげた。

　船体塗料は造船所に勤める父の知り合いからもらった。一斗缶まるごと。緑色をした鉄船用の塗料だったがお構いなしで木船に塗った。この頃は塗料に対する知識がなかった。

5月中旬に仕上がった。嬉しかった。さっそく、乗ってみた。夕刻だったので辺りには誰もいない。出艇の時は1人でスロープから押し出したが、着艇の時は1人では揚がらなかった。仕方なく、沖合30メートル位の所にアンカーを打ってヨットを置き、自分は泳いで上陸した。

　仕方ない処置だったが、これが悪かった。時に1960年5月23日。チリ地震のあった日のことだ。この時点では、地震のことは知らない。翌朝、チリで地震があり、津波が来たことを知った。

　この日も学校から帰って三保へ直行した。ヨットがない、アンカーリングしておいた場所には何もない。不思議に思って辺りを探したが、海にも陸にも、どこにもない。アンカーを打った場所へ潜ってみた、アンカーはあった。ロープも付いている。船体がバラバラになって姿を消してしまったということだった。

　後で解ったことだが、近くの貯木場が津波の被害を受け、原木がこの付近を暴れ廻ったという。原木は直径60センチ位、中には1メートル位のものもあったというから、これとぶつかればひとたまりもない。

　こうして、一生懸命整備したヨットは忽然と姿を消してしまった。たった1度乗っただけ、1時間ほど乗っただけでなくなってしまった。たまたまこの日にアンカーリングしたのが不運と諦めざるを得なかった。でもアンカーだけは回収した。

　記録によれば、1960年（昭和35年）5月23日、午前4時11分（日本時間）、南米チリ共和国でマグニチュード9.5という世界最大規模の地震が起きた。日本には、北海道から沖縄まで2～

6メートルの津波が押し寄せたという。清水には、24日の朝4時頃に来たと思われる。

遭難

　24歳の春、フライングキャット級のヨットを買った。通称、FCと呼ぶ13フィートの2枚帆だ。川崎造船所の川崎昌平氏に作ってもらった。17万円だったと記憶している。

　この頃は、それまで勤めていた株式会社中満を退職して牛乳販売店を創業し、雪印乳業特約店・清水北部販売店として独立したばかりで、販路をバリバリ拡張していた時期だった。

　この年は市民大会で優勝し、県のスポーツ祭でも勝ったが、その後12月16日に遭難騒ぎを起こしてしまった。この時のことは今でもはっきりと覚えている。

　西風が15メートル位吹いていた寒い日、望月至君という高校時代の友人と2人で乗る予定だったが、当日になって、望月君が金沢市から来たという彼の友人を連れてきたので、3人で乗ることにした。ライフジャケット（救命胴衣）は2人分しか用意していなかったから他の2人に着せた。私がティラー（舵）を持ち、望月君がジブシート（前帆をあやつるロープ）、残る1人はウエイトとしてマスト近くに乗った。走り出して間もなく、ウエイトがマストにしがみ付き「泳げない」と告げてきた。でも、そのまま走った。

　三保の艇庫前を出て1マイル（1852メートル）ほど走り、魚市場の入口でタッキング（風上へ向かっての方向転換）して引き返した。三保真崎灯台沖でまたタッキングした。再度魚市場を目指して走り始めて間もなく、大きなうねりを受けてバラン

スを崩し、アンヒール沈（風上側へ転覆）してしまった。沈する時、とっさに「飛べ！」と叫んだ。望月君と２人で同時に、足で艇を蹴って背中方向の水中に脱出した。２メートル位飛んだと思う。２人ともセールの下敷きになるのを避けることができた。

　浮上して気が付くと、６〜７メートル風下に望月君がいた。「こっちへ来い！」と叫んで、彼の方へ泳ぎだした時、彼は「泳ぎにくい」と言ってライフジャケットを脱ぎ棄ててしまった。「脱ぐな！」と叫んだが間に合わなかった。私は、風に流されるライフジャケットを追って必死で泳ぎ、捕まえた。ライフジャケットを着て彼と合流し、左手で彼の右肩を持ち上げて「浮いていろ、泳がなくてもいい」と言った。

　この時、転覆したヨットは風下50メートル位に見えていたが、間もなく見えなくなってしまった。「助けが来るから、海上保安部がきっと来る」。彼を励ましながら立ち泳ぎをした。

　ほどなくして彼は「死ぬ、死ぬ」と言い出した。「放してくれ、死ぬ」と言うので「保安部が助けに来るから」と言って、着ていたヤッケの胸からホイッスル（笛）を取り出しSOSを吹いた。

　"・・・　－－－　・・・　トトト　ツーツーツー　トトト"繰り返しSOSを吹き続けた。これが気付けになった。SOSは海洋少年団で教わった。海に出る時はいつもホイッスルを持っている。

　彼は、死ぬとは言わなくなったが、頭から波をかぶる度に海水を飲んでいた。私も、徐々に彼を持ち上げる力が弱まり、いつしか彼のベルトを持って引き寄せているだけになっていた。

どれほどの時が流れたのだろうか。遠く10時方向に、左から右に疾走する巡視艇が見えた。「来た！　巡視艇が来た！」と言って彼を励ました。しかし、巡視艇はそのまま右方向へ行ってしまい視界から消えた。またSOSを吹き続けた。失望感が入り混じって、この間は長く感じた。

　しばらくして、12時方向からこっちへ向かって疾走して来る船の波しぶきを見つけた。「来た！　来た！」。このままだと轢かれてしまうと思いとっさに身構えた。船は間近で止まった。巡視艇だ。グレーの船体が真横で止まった時、助かったと思った。

　望月君を巡視艇に押し上げ、私も梯子を登った。船内では毛布にくるまっていた。巡視艇は江尻の魚市場に着いた。そこには救急車が待機していた。望月君を乗せた担架の一角を持って救急車に乗せた。

　彼とその友人がベッドに寝て、私は脇に座った状態で清水厚生病院に運ばれた。病室には入れ替わり立ち替わり、警察官や消防士などが入って来て、名前・住所・電話番号を聞いた。遭難対策本部だという人も来た。

　3人とも、体力の消耗が激しかったものの怪我はなかった。「明日、海上保安部へ来て下さい」と告げられ、全員入院することなく帰宅した。夕刻だった。

　その日の夜はヨット仲間の忘年会だった。こんな事の後だったので、出ようかどうしようかと迷ったが、結局出た。会場に着いてすぐ、仲間から、遭難の模様が6時のテレビニュースで報じられたことを知らされた。私からは、明日海上保安部へ行く旨を告げた。翌朝の新聞には、写真入りで遭難記事として掲載されてしまった。

翌日、昼前に望月君とともに海上保安部へ出向いた。冒頭、望月君が「なぜ救命胴衣を着ていなかったのか」と詰問されたので、私からひと通り事故の様子を説明した。

　海上保安部からも説明を受けた。「昨日は強風のため伊豆で漁船が4隻遭難した。その捜索から帰って来た直後だったのでエンジンが温まっていた、だから直ぐに走れた。通報したのは三保真崎灯台近くで釣りをしていた人で、110番通報、警察からこちらへ入電した。発見した時は1人だけヨットにつかまっていた。船上に救助した時は意識がなかったので顔面を平手打ちし『1人か？　どっちだ！』と言ったら、指さしたのでその方向へ向かった。そして発見できた。そちらからのSOSは聞こえなかった。ヨットは保安部横に揚げてある、後で曳航して来たから引き取るように」。

　結局、事情説明をしただけで始末書も何もなし。深々と頭を下げて退席した。後で判ったことだが、この日の朝、ヨットの先輩数人が海上保安部へ出向いてくれていた。

　遭難したヨットには、バウデッキ（前部甲板）に10センチ位の穴が2ヶ所あいていた。巡視艇がヨットを引き寄せる時に手鉤(かぎ)を使ったのだろう。川崎さんに修理してもらったが傷跡は残ってしまった。仕方ないことだと思った。

準備…構想

　太平洋を横断するには、世界の海を走るには、どんなヨットが適しているのか考えた。

　ヨットにはいろいろのタイプがある。船体・キール・バラスト・帆走リグの形状によって多種多様。どんなヨットにするの

かを決めるについては、どんな海況を走るのか、どのくらいの期間を何人で走るのか等の要素を組み合わせて考えた。

　どんな海況どんな海を帆走するのかについては、北太平洋横断。すなわち、北太平洋が世界で一番厳しい海だと考えた。北太平洋には逃げ場がない。北太平洋を無寄港で横断できれば世界の海も大丈夫だと思った。この考えに至るまでには多くの経験者から話を聞き、たくさんの航海記も読んだ。

　私の世界一周の夢を聞きつけた村岡司朗さんからは、アラン・ボンバールの『実験漂流記』を読むことを勧められた。これは、ゴムボートで大西洋を65日間漂流したフランス人の実験漂流記だった。3度読んだ。また堀江謙一氏の『太平洋ひとりぼっち』は映画で3度、本は5回位読み返した。世界一周し、マゼラン海峡をも渡った『白鴎号航海記』や、のんびり旅の『ひねもす航海記』などはとても参考になった。

　最初に訪ねたのは世界一周航海をした"白雲（はくうん）"の榊原伊三氏。先輩から「白雲の榊原さんが来ている」との電話を受けたその夜、榊原さんの宿を訪ねた。世界の海がどれほど厳しいものか知るために基本から尋ねた。「フィンキールで大丈夫でしょうか？」「スループでも大丈夫ですか？」。キールの形状は大きく分けてふた通りある。ディープキールとフィンキール。それぞれに特性がある。キールとは竜骨のことで、この場合は水面下の形状を意味する。

　ディープキールは、船底の一番深い部分が船首から船尾にかけて長く伸びている形状で、特性は、保針性が良く船体が強固で浅瀬等への乗り上げにも強いという長所と、旋回性が悪く船体重量がかさみ、風上への帆走性能が劣るという短所がある。

フィンキールは、船底の中央付近に魚の鰭みたいな形のものを取り付け、それ自体を鉄や鉛などの重い素材で作ってバラスト（重り）にする。それにより復元力を高め横流れをも防ぐ。旋回性が良く、船体重量がかさまず、風上への帆走性能も良い。しかし、保針性ではディープキールにかなわない。

　これらは当時の一般論で、双方一長一短だった。

　リグ（帆走装置）の形態についても随分検討した。マストの数・マストの位置、セールの数によって、スループ・ケッチ・ヨール・カッターなどに分類される。

　スループとは、1本マストでセールは2枚、最大でも3枚。帆走性能はスループが一番良いが、取り扱いは一番大変。1枚当たりのセール面積が大きいので1人で乗る場合は船の大きさに限界が生じる。

　ケッチ、ヨールは、マストが複数で、最後部マストの取り付け位置によって呼び方が変わる。船の大きさが同じなら1枚当たりのセール面積はスループより小さい。取り扱いは楽だが帆走性能が落ちる。

　結果として、全長30フィート（9メートル）の大きさで、フィンキール・スループにしたが、この頃はまだ何も決めていなかった。多くの先輩から知識や経験を聞く段階だった。

　"ひねもす"の艇長、林宏氏の御自宅を訪ねて大阪へも行った。林氏からは、たくさんアドバイスをいただいた。御自宅には何度も泊めていただいた。神戸の永田敏明さんの家に連れて行ってもらったり、清水に来られた時は家に泊まっていただいて天測を教わった。出航の時も来て下さった。

　この頃ヨットを作るのには、まず設計図を買い求め、それを

造船所に持ち込むという方法が一般的だったが、プロダクションボートと呼ばれる規格品・完成品が全く売り出されていないというわけでもなかった。木造船が主流でFRP（繊維強化プラスチック）船は見かけない。

　東京の晴海で開催された東京ボートショーには家族で出掛けた。そこで初めてFRP船を見て驚いた。とりわけ、デュフォー社の展示艇には目を見張った。キャビンの中は立って歩け、とても豪華に思えた。36フィート位の艇だったと思う。そして値段を聞いてまた驚いた。1,300万円位だったと記憶している。フル艤装したらもっとかかる。

　時に1968年のこと。25歳。妻には世界一周・太平洋横断の話はまだしていない。

出会い…良知さん、田辺さん

　ヨット仲間にFC（遭難したヨット）を手放したい旨を話した。ほどなく、村岡司朗先輩の紹介で良知秀晃さん、田辺公祥さんに譲り渡すこととなった。その後、何度かこの2人に操船を教えた。

　翌年、太平洋横断の練習艇を買うことにした。田辺さんと良知さんもクルーザーに乗りたいと言うので3人共同で買った。この時、"東風"の藤巻和佳氏から購入に当たってのアドバイスを受けた。「練習には重い船が良い」。

　次のヨットはすぐに見つかった。『舵』誌の「売りたし 買いたし」欄に掲載されていた。沼津の多比港に係留中の26フィート、サンダーバード級。120万円だったので40万円ずつ出し合って買った。

この頃、清水には19フィートから21フィートのヨットが多く、一番大きいのが24フィートだったので、清水で一番大きなヨットを持つことになった。時に26歳。

クルーザー入門

クルーザー購入に当たり、沼津の多比港には3～4度足を運んだ。沼津へは車で1時間半位かかった。清水へ回航するに当たっては、先輩の田守茂穂氏に同乗をお願いした。

田守氏は清水では数少ないクルーザー乗りで、私が以前に遭難したあの日も、強風の中を1人でクルーザーを走らせていた。

私には沼津から清水へ帆走して来る自信がなかった。クルーザーには5～6度乗せてもらったことはあるものの、これはあくまで、乗せてもらったということで、クルーとしてだった。

初めて乗せてもらったのは"龍爪"。田中紀介氏の自作艇で、合板で作った20フィート位のヨット。伊豆の安良里へ連れて行ってもらった。帆を張って走らせる技術は身についていたが、クルージングする技術はなかった。舫い取り、アンカー打ち、チャートの見方、現在地の出し方、針路の決め方など、知りたいことがたくさんあった。

沼津から回航の日、私たち家族は、仕事で使っているトラックで沼津へ行った。帰路、トラックにはクルーザーの船台だけを積み、妻が運転して清水へ帰った。ヨットで清水に向かったのは田守氏、良知氏、田辺氏、そして私の4人。海は静かだった。田守氏にいろいろ教わりながらの航海だった。

清水での置き場所は、大洋寒天という会社の裏で、後に「大

家族でクルージングへ

洋バース」と呼ばれていた所。ここには、すでに8艇のクルーザーが係留してあったので9番目の艇、一番大きな艇になった。嬉しかった。

それからは3人で、時には家族でクルージングした。今思えば怖いもの知らずのクルージング。知識がないので怖さを知らなかったということだった。

初めてクルージングした日、「艇に名前を付けよう。酒の名前にしよう。次回に持ち寄ろう」ということになり、各々が次回に持ち寄ったのが「日本盛」、「世界長」などの日本酒名、洋酒では「チェリブラ」だった。結局「チェリブラ」に決まった。名付け親は私。

"チェリブラⅡ世"と呼ぶことにした。Ⅰ世は以前に持っていたFC（フライングキャット級ディンギー）、あの遭難した艇だ。

チェリブラとはチェリーブランデーの略で、私の好きな洋酒。とても甘いブランデー。弟に薦められてこの酒が好きになった。

式根島へクルーズ

この年の夏、清水のクルーザー仲間で、揃って式根島に行こうという話がもち上がったのでさっそく参加することにした。

式根島は駿河湾の外、新島本島の隣、太平洋だ。わくわくした。

またまた、田守氏に乗っていただくことにした。良知さん、辺(なべ)さん、窪ちゃん、そして田守さんと私の5名。辺さんとは田辺公祥氏、窪ちゃんとは大窪之久氏の愛称である。

窪ちゃんは田守氏の紹介でチェリブラのクルーに加わった。田守氏と勤務先が同じで、これからヨットを楽しみたいという。私より5歳年下で口数が少なく物静か、黙々と作業するタイプ、辺さんに似たタイプだった。

夜、6艇のヨットが揃って清水港を出た。海は静か。チェリブラが一番大きかったことと、船内機のディーゼルエンジンを搭載していたことから、テンダー（足船）を曳航していく役になった。

この頃のヨットのエンジンは船外機が多かった。船外機は始動しないこともあり、波をかぶると使えなくなるので信頼性はディーゼルエンジンの方が高いとされていた。テンダーを曳航しているため艇速は極めて遅く、他のヨットの方が前を走っていた。

波勝崎(はがちざき)沖で朝を迎え、昼過ぎには式根島に着いた。この時、仲間の1艇が遅れてしまった。新島本島の方へ流された。先輩たちは「あの艇には原さんが乗っているから大丈夫だ」と話し合っていた。原千尋さんは人望が厚い。夜8時頃入港して来た時には、2人の先輩が港口の岩場に登って懐中電灯で合図した。灯台代わりの目印に、ということだった。

翌日は泳いだり山越えして露天風呂へ行ったりして楽しく過ごした。

この航海でも田守氏からたくさんのことを学んだ。式根島へはその後2回行き、大浦と中の浦に入った。中の浦では、スターン（船尾）からロープに吊るして海中に冷やしておいたビールを、回収し忘れて出航してしまったという思い出がある。この頃は瓶ビールで割れればパー。危ないところだったが割れなかった。

あわや遭難

　ヨット仲間では、風が強い時のことを「吹いている」と言い、風が弱い日は「今日は吹かなかった」と言う。吹いているのに「いい風だった」などと痩せ我慢することもある。

　伊豆の子浦へ行った時のこと。この日は吹いていた。大晦日の夜12時、清水を出た時は10メートル位だったが、夜が明けて伊豆半島の波勝崎に近づいた頃は15メートル位、波勝崎を越えて子浦港入口付近では20メートル位に吹き上がっていた。今までに経験したことのない強烈な西風だった。

　港口でセールを降ろそうとしたがジブセールは降りたもののメインセールが降りない。エンジンをかけて艇を風上に向けて必死に作業したが降りない。仕方なく窪ちゃんにセールを切るように言ってシーナイフを手渡した。窪ちゃんはシーナイフを手にマストのてっぺんに登った。しかし、切ることはできなかった。「涙が出ます」と言った。ヨットマンにとって、セールを切ることは辛い。風波に揉まれて激しく揺れるこの状況で、この寒さの中で、しかもボースンチェアー（マストに登るための板とロープで作った椅子）なしでの作業は大変だったはず。

エンジンで艇を風上に向けておくのもやっとの状態だった。思案の末、このまま湾内まで入ることにした。湾の奥までは１キロ位、艇の向きを180度回転して港の入口に向けた。後ろから風を受けた艇はメインセールだけでも疾走した。もちろん、エンジンを全速後進にしての進入だった。湾の奥深くまで入り込んでまた180度回転させた。前から風を受け、セールをシバー（風を受け止めないでバタバタさせること）させ、エンジンは全速後進のまま。湾の奥から岸壁までは100メートル位の距離。
　スターンにはアンカーの用意もした。艇を止めるための最大限の方法である。
　アンカーを打った。艇速が序々に落ちた。岸壁まで残り５メートル位の所で止まった。やっと止まったという感じ。ほっと一息ついた。
　艇を横付けに向きを変えてから、プライヤーをポケットに入れてマストに登った。この場所は山の陰で風波がなかったので難なく修理できた。ハリヤード（セールを引き上げるためのロープ）がシーブ（滑車）から外れていた。強風のために横にずれてしまったのだろう。
　ほどなく、地元の人から「艇を外側の防波堤に移動するように」と言われた。仕方なく湾の入り口の防波堤に移動した。ここは強風の吹きさらし。スターンには２本のアンカーを打ち、バウ（船首）を風上の防波堤に向けて係留した。防波堤の上は立って歩くことが難しいほどの風。20メートルクラスの風だった。その日は「清六」という民宿に泊まった。
　今回のクルージングには、窪ちゃん、山ちゃん、薫君が参加

した。山ちゃんとは、山本義久氏のことで、現在はロータスアサヒ「株式会社旭モータース」の社長。私より4歳年下で、アマチュア無線で知り合った。ロングクルーズは初めて。後に"チェリブラⅡ世"のメンバーに加わり、私がサンフランシスコ目指して出航する時にはチェリブラⅡ世のオーナーになった人。薫君とは、豊島薫氏のことで私の従兄弟。ヤマハ静岡販売という会社に勤務してヨットの販売を担当したばかり。私より3歳年下で、この人もロングクルーズは初めてだった。私以外の3人は体が大きく身長は175センチ位あったが、私は158センチである。

　民宿では酒を飲みヨット談議をして楽しい時間を過ごした。
　翌朝、1月2日、ヨットに戻って驚いた。バウが岸壁にぶつかり大きく損傷している。特にフォアステーのチェーンプレート（船首の、マストを支えるワイヤーの取り付け部分）付近の損傷がひどい、このままでは走れない。木造船なのでこの場で修理することは可能だが、手持ちの部品では間に合わないことが解った。長さ7センチの木ねじが5本足りない。
　地元の人は「ここでは手に入らない、下田まで行けばあるだろう」と言う。私と窪ちゃん、山ちゃんの3人で、バスで下田市へ向かった。
　9時頃、下田に着き金物店を探し当てたもののシャッターが下りていた。正月なので休みなのだ。店の看板に電話番号が書いてあったので公衆電話から電話した。事情を説明し、やっとシャッターを上げてもらった時はホッとした。今でもその光景ははっきりと覚えている。50歳位の奥様らしき人が快く対応してくれた。ほんとうに嬉しく思った。

買った部品、木ねじ 7 本を手にヨットに戻ったのは昼頃。さっそく修理に取り掛かった。晴れてはいたものの、吹きすさぶ風の中、激しく揺れ動く船の上での作業は大変だったが、夕刻には修理が完了した。

　なぜ岸壁にぶつかったのか、スターンからはアンカーを 2 本打ってあったのに。アンカーロープは健在だったのに。答えは「素引き」だった。素引きとは風上に吸い寄せられる現象をいう。岸壁面と海面との高さの違いが大きくなった時、強風によって岸壁の風下側の気圧が下がり、岸壁に吸い寄せられるのだ。

　干潮になった時、艇が風上の岸壁に吸い寄せられてしまった。そして船首が岸壁にぶつかった。この強風の中、2 本のアンカーを引きずって艇が風上に進んだということである。強風だから起きた現象、知識不足だった。こういう時は岸壁と艇の距離を長くする必要があった。そして上陸した後、艇を充分に押し戻すことが肝心だった。また、就寝前に艇のチェックをしなかったことも手落ちだった。

　以前、先輩の村岡司朗氏から「外泊する時は、寝る前に船を点検すること」と教わっていたのに、マストのトラブルを解消できたという安堵から気持ちが緩んでいた。この夜はヨットに泊まり、明朝に出港して清水へ帰ることにした。

　夕食の後、豆練炭で行火を作った。4 人分作って各々が寝袋の奥に入れて暖を取った。全員スーっと寝てしまった。でも、翌朝全員目が覚めた。後で気付いたことだが、昨夜スーっと寝入ったのは一酸化炭素中毒だった。行火用の豆練炭をプロパンガスで着火したためだった。木造船なので出入口などから隙間風が入り込んでいたのが幸いした。強風が吹き荒れていたから

こそ助かったということだ。

　この朝も風は治まっていない。強烈な西風が吹き荒れている。昨日より強くなっている気もした。未熟だった私たちは、何の不安を抱くことなく出港した。舫い（船を繋いであるロープ）を解き、港口までは横からの風だったので走れたものの、港口で転針したら前からの風になり、防波堤を過ぎた頃から前へ進めなくなった。

　正面からの波と強風にあおられ針路を保つことさえ困難になった。仕方なく、くるくる回転しながら少しずつ風上へ進んだ。保針できなくなると、ぐるーっと１回転させ、勢いをつけてまた風上に向かった。この方法を何回も繰り返して少しずつ風上へ出て行った。波勝崎をかわせる位置まで出るのに随分時間がかかった。

　セールを揚げ、波勝崎をかわしてからは、左斜め横からの風を受けて疾走した。

　午後２時頃、三保灯台を通過した辺りでエンジンをかけようとしたが始動しない。この頃のエンジンは手動での始動。セルモーターは付いていない。手でエンジンのクランクを廻す。私がやったがかからないので体力のある山ちゃんにバトンタッチしたがかからない。山ちゃんに「まわせー！　まわせー！」と怒鳴った。どうしても始動せず、とうとうエンジンのクランクシャフトが曲がってしまった。

　船内に大量の海水が溜まっているのにも気づいた。膝辺りまで溜まっていた。ピンチだ。救助を求める決意をした。アマチュア無線で家内を呼び出して現状を簡単に説明し、海上保安部に電話するように言った。ほどなく、家内からの呼び出し

コールで、田守さんが先ほどの交信を傍受していたこと、田守さんが救助に向かうので海上保安部には電話しない旨を聞いた。

　帆走で行ける所まで行くことにした。セールを揚げたままで三保真崎灯台を越え、大洋バースの船溜まりに近づいた。そこで、たまたま通りかかった漁船に曳航してもらってバースへ着いた。大失態。

　エンジンが始動しなかったのは、今朝の出港時に回転を上げ過ぎてエンジンが焼けてしまったため。浸水したのは、エンジンの排気と冷却水が高温になってゴム製のパイプを溶かしてしまい、溶けた箇所から冷却水と海水が船内に入り込んだためである。エンジンを止めた後も追い波を受ける度に海水が入り込んでいたということになる。それもこれも、エンジン回転の上げ過ぎが起因だった。

　このクルージングでは多くのトラブルが起きた。無知のためのトラブル。ひと言で言ってしまえば、こんな天候の時は出港すべきではなかったということだった。

　この頃は出掛ける前に天気図を取っていなかった。ラジオで気象通報を聞き天気図を作る練習を始めたのは、この体験をした後からである。天気図用紙はどこで入手できるのか、気象通報の周波数や時間なども先輩に尋ねた。"龍爪"の田中紀介氏が教えてくれた。用紙は戸田書店で買った。ついでに天気図の作り方の本も買い、天気図を作る練習を始めた。時に27歳。

家族の説得

　妻に話したのは26歳の時だった。「30歳になったらヨットで世界一周しよう。家族4人で。帰って来るのは4年後」。

当初は本気にしなかった。その後、何度も言うので本気だと察して、猛反対した。当然のことである。月日をかけて繰り返し説得したがダメだった。無理もないこと。私には２人の男児がいる。この時はまだ幼児だったが日本を出る時には７歳と４歳になる。
　市の教育委員会へ足を運んだ。子供の教育をどうするか、日本へ帰って来てからの編入はどうなるのか。当たり前のことながら、子供の教育に関しては真剣だった。
　妻は何度説得しても反対するだけだった。もちろん、海の安全性も説いた。「車だとぶつかれば死ぬ、飛行機だと落ちれば死ぬ、船だと落ちても海の上だからすぐには死なない」などと屁理屈じみたことも言ってみたがやはりダメだった。妻は河童、泳ぎは達者である。子供のことを心配しての反対だった。
　簡単にいかないことは織り込み済みだった。マーメイドの堀江さんも苦労した。その様子が本に書いてあった。堀江さんは「反対するなら出る日を言わない」と言って説得に成功したが、彼は独身、私は妻帯者だ。彼と同じような訳にはいかない。酷すぎる。
　２年近い月日が流れた。家族の説得は済んでいない。妻は反対したまま。私は諦めた。「行かない、計画を取りやめる」と妻に告げた。
　告げてからの私は腑抜けになった。何事にも気が入らない。もちろん仕事にも。
　仕事は、23歳で牛乳販売店を創業して以来バリバリ働いた。妻と２人で働いた。他の人の２倍以上働いた。資金も蓄えた。アルバイト従業員は17名になり、業界でも大きい規模になって

いた。
　腑抜けになって1ヶ月位した時「お父さん、1人で行ってくれる？」と不意に妻の声がした。思ってもいなかったことだけに戸惑った。「私は子供と残るから、1人で行ってくれる？」。

妻

　結局、1人で行くことにした。時に1972年春、28歳の誕生日を半年ほど過ぎた時だった。
　さっそく、残る家族のための計画づくりをした。仕事の整理、資金計画、子供の教育など妻の要望を聞きながら計画を練った。仕事は妻が1人で続けると言うので、1人でできる量を残して他は整理することにした。
　仕事を整理する時期は1973年10月、30歳の誕生日を迎える頃。資金は、買ってある土地を売却してそれに充てる。出航は1974年の春。大筋が決まった。

艇探し

　艇の長さは25〜30フィート、それ以上だと1人で操船するのが難しい。マストは1本でも大丈夫そう、フィンキールでも行けるだろうという結論。当然のように木造船ということだった。
　この頃の情報源は月刊誌『舵』。舵誌は高校に入学した頃から愛読している。当初は兄が買って来たものを見せてもらっていた。

兄は4歳上で模型造りが好きだった。ラジコンのエンジンボートに没頭し、自分で図面を書いてバルサ材などで造っていた。艇長60センチほどのボートにエンジンを積み、それをラジコンで操作していた。

　ある日、家の近くを流れる巴川で走らせているのを見た。とてつもなく速かった。

　その兄が、東京で開催された第1回全国ラジコンボート競技大会で優勝した。その記事が舵誌に載ったことが舵誌との出会いである。そのうちに自分でも買うようになった。この雑誌にはヨットのことも載っていたからだ。造船所やヨット部品の広告も載っていたのでいろいろな情報が得られた。

　シドニーホバートヨットレースの記事に目を見張ったこともある。"チタ"の丹羽さん戸塚さんらのレース記事にも興味があった。航海記も毎月のように掲載されていた。"白鴎""白雲""ひねもす"等の世界周航記事の他に"ロシナンテ"や"コンテッサ"の記事も掲載されていた。

　いつの頃からか、この雑誌の巻末に「売りたし　買いたし」という欄ができた。艇を売りたい人、買いたい人が無料で掲載してもらえる欄だ。私も利用した。初めて買ったクルーザーはこの欄で得た情報から、そしてその艇を売る時もこの欄に掲載してもらった。毎月むさぼるように読んだ。

　ある時、売りたし買いたし欄で目に付いた艇があった。木造ストリッププランキングで頑丈そうな艇だった。25フィートのヨールだ。和歌山県の下津港にある。さっそくオーナーに電話して、次の日曜日に見せてもらう約束をした。

　土曜日の夜に和歌山へ向かった。私の車で、5人で出掛け

た。窪ちゃん、山ちゃん、藤巻和佳氏ともう1人、そして私。一晩走り続けて翌朝に下津港に着く予定だった。

　この頃の道路事情は今とは違う。カーナビもない。夜中の12時頃、奈良県の天理市で道に迷った時には、アマチュア無線で地元の局に道案内してもらったことを覚えている。

　下津港にはまだ暗いうちに着いた。艇はすぐに分かった。オーナーは来ていなかったが、鍵の置き場所は聞いてあったので、艇に乗っていろいろとチェックした。ビルジ溜まりやエンジンベットも調べた。手入れが悪い、ビルジには真っ黒いオイルがべっとりと溜まっていた。明るくなってからオーナーに電話して買うのはやめる旨を伝えた。

　せっかくここまで来たのだからと思い、周りを見廻したら、すぐ近くに大きな艇が浮かんでいたので訪ねた。まだ完成していないヨットだった。マストも立っていない。"虎丸"だった。

　艇内に1人泊まっていたのでさっそく見せてもらった。鉄製だという。びっくりした。鉄製のヨットは初めてだ。バウデッキは相撲の土俵ができるほどの広さだった。良い勉強になった。この艇は下津造船所で造ったという。

　朝の8時頃下津造船所を訪ねた。虎丸のすぐ近くだった。ここでは、鉄製ヨットを何艇か建造した経験があるという。そして38フィートの建造を持ちかけられた。1艇完成しているので次は格安に造れるという。しかし、丁重にお断りした。

　世界を周る、太平洋を横断するのに鉄の艇は不安だった。修理がきかない。木なら切ったり、付けたりが思うままだが、鉄となるとそうはいかないだろうと思った。鉄船についての知識もなかった。

佐島マリーナにて

帰路、海南駅前を通って紀三井寺に立ち寄ったことを覚えている。

この頃、湘南・三浦半島方面には何度も出掛けた。家族で月に1～2度のペースで出掛けた。江の島から始まって葉山・佐島・油壺、お決まりのコースだった。シーボニアができたのは後のことだ。油壺では「油壺ヨッテル」でコーヒーを飲むのが楽しみだった。

しばらくして、加藤ボートが「SK31」を売り出したことを知る。国産では初のFRP製プロダクションボートのはずだ。

さっそく、神奈川県三浦半島の加藤ボートを訪ねた。社長さんに会って尋ねた「SK31で太平洋を渡れますか？」。答えは「そんな大変なこと、することない」。社長さんはこのひと言だけを言ってカウンターの奥へ消えてしまった。ほんの数秒間だけの面会だった。

私は前日の朝に清水を出て江の島に寄り、そこで清水出身の先輩の会社が買ったSK31の進水披露式に出て試乗もさせてもらっていた。清水からは私を含めて5人が参加した。

その日はみんなで清水出身の先輩の家に泊めてもらった。葉山の鈴木氏、愛称「男爵」という先輩の家だった。夜は酒盛りになった。そこへ土屋さんという方が加わった。土屋さんは加藤ボートの工場長だという。この日の顔ぶれでは私が一番の若

輩者だったが、夜更けまで工場長にいろいろ尋ねた。

　その翌朝、加藤ボートを訪ねて工場を見学し、ひと通り見て廻ってから社長さんに会ったのに、答えは「そんな大変なことすることない」のひと言だけ。がっかりした。「大丈夫だよ、渡れるよ」と言って欲しかったのに、期待していたのに。でも工場は立派だった。さすが日本有数のヨットビルダーだと思った。

　舵誌に明石ヨットの「バイキング25」の広告が掲載された。FRP製のスループ。機走能力（エンジンだけで走る速度）の良さが目を引いた。

　さっそく、兵庫県高砂市の明石ヨットを訪ねた。1人で新幹線で行った。初夏の暑い日だったが駅から造船所までは徒歩だったことを覚えている。造船所ではいろいろと尋ねた。答えがあやふやだったのでよくよく尋ねると「まだ造っていない、広告の掲載が先行した」とのことだった。カラ振りだ。残念、ここまで来たのに、願わくば試乗させてもらうつもりで来たのに。

　瀬戸内海を走るヨットは機走能力を重視すると聞いていた。速い潮流に対応するためだろう。

　この頃のヨットの機走能力、エンジンで走る時の速さは3〜4ノットが主流だった。もちろん船の大きさによって違うが、26フィートの"チェリブラⅡ世"が4ノット、今乗っている32フィートのⅥ世は5ノットだ。バイキング25は全長が25フィートなのに6ノットで走るという。ほんとうだろうか。これを確かめたくて明石まで来た。なのに、まだ造っていない、広告が先行したという。バイキング25の完成を待つ気にはならなかっ

た。

　清水を出る時は、その足で小豆島へも行こうと思っていた。小豆島には岡崎造船所がある。結局その日は、姫路にも小豆島にも行かなかった。西宮のヨットハーバーを物色しただけで帰って来た。

　三浦半島の佐島マリーナには清水出身の先輩、平岡照彦氏がいた。何度も行き、いろいろなアドバイスを受け、たくさんの艇を見せてもらった。ある日「良い船がある」と聞いた。作曲家いずみたく氏の"フォンティーヌ"だった。29フィートのスループだ。ピアノが積んでありガス冷蔵庫もあった。何よりも目を引いたのは信号旗だった。右舷上部に信号旗用の棚を造って1旗ずつ格納してあった。本船並みだ。丈夫そうで綺麗に整備された艇で、サイズも帆走形式も探していたものに合致していたが、やめた。もう少し帆走性能の良い艇が欲しかったからだ。

　この頃には、船型を見れば帆走性能が予想できるようになっていた。帆走性能の良し悪しは安全性につながる。船足が速ければ危険を回避できる頻度も上がるから、逃げ場のない北太平洋では速い方が良い。船体の強度とともに重要な要素だと思っていた。

"マーメイドⅡ"…堀江謙一さんを探して

　昭和47年11月、世界一周を目指して大阪の淡輪港を出港した堀江謙一さんの"マーメイドⅡ"が航行不能になった。出港して3日目にマストにひびが入り、その後、4本（2対）あるマストすべてが折れてしまって帆走不能だという。海上保安部が

捜索に当たっていたが、同じヨット乗りとしていても立ってもいられない気持ちになった。堀江さんを尊敬していたので自分も捜索することにした。

　清水の三保飛行場から飛行機で捜索に飛び立った。私が飛行機を操縦できるわけではない。操縦練習をしていたアマチュア無線の先輩の安田氏に頼んで、日赤飛行隊の飛行機を飛ばしてもらった。清水を飛び立ち八丈島で給油する計画だったが、離陸直前に八丈島では給油できないことを知らされ、結局、3時間だけのフライトになった。

　午後2時、三保を飛び立った。パイロットと安田氏そして私の3人。ここら辺りにいるだろうと狙いをつけた紀伊半島の潮岬沖から四国の室戸沖まで探したが見つからなかった。海上は強風のために全面に白波が立っていた。発見したヨットは1艇だけだった。30度近く傾いて北上していた。高度を下げて確認したがマーメイドⅡではなかった。堀江さんを発見することができないまま、夕刻に三保飛行場へ帰って来た。

　飛行場へ近づいた時、海から信号弾が上がった。高度を下げて確認したら、一面白波の中に救命艇を発見した。強風に押し流されながら6人の人が必死で漕いでいるのが見えたので、着陸してから清水海上保安部に電話した。ほどなく巡視艇が来た。拡声器で方角を聞いて来たので、飛行場前の砂浜から手旗信号で救命艇の方角を知らせた。巡視艇はその方角へ疾走して行った。手旗は何時も車に積んである。

　翌日の新聞で救命艇のことを知った。本船（大型船の意味）で火傷を負った負傷者を乗せて、岸に向かったが風で流されたという。マーメイドⅡの堀江さんを探して飛び立った私の記事

も載っていた。この時の飛行賃は３万円だったと記憶している。

　翌日の朝、NHKラジオのニュースで海上保安部の捜索打ち切りを知った。びっくりし、憤りを感じた。牛乳配達中の車の中だった。朝の配達を終えた８時頃清水海上保安部へ抗議の電話をした。管轄が違うと言うので横浜のオペレーションセンターへ掛け直して担当者に抗議した。「遭難かどうか解らない、捜索願も出ていない」との説明に憤慨して「ヨットのマストが折れて走れなくなり、連絡を絶ったら遭難でしょう！　捜索願にハンコを押して出さなければダメですか！　すぐに捜索を再開して下さい！」。ほどなく「再開します」との電話を受けた。

　その後の電話で、11月18日のマーメイドⅡの堀江さんの位置と、昨日の捜索範囲を知らされ、さっそく、海図に書き込んだ。神戸の永田敏明さんの名前と電話番号も知らされた。永田さんがマーメイドⅡをサポートしているという。神戸に電話して、堀江さんが知らせて来たアマチュア無線の周波数を聞いた。21.420メガヘルツ。仕事の合間をぬって無線をワッチした。

　海上保安部からの電話が多くなった。現場の海況、捜索状況などの説明を受ける。１日に30回を超える電話。いろいろな打ち合わせをした。さながら自宅の無線室は、遭難救助室のようになった。保安部のオペレーションセンターには報道関係者が詰めかけている様子だった。こちらにも新聞記者が来た。読売新聞機報部の阿満氏の名は今でも覚えている。

　無線室は、庭の片隅にプレハブで建てた６畳の部屋。元々は

住み込み従業員の宿舎だったが、住み込みがいなくなってからは無線室として使っている。

　アンテナを南南西に向け、21.420メガヘルツでマーメイドⅡからの電波を待つ。入電なし。庭には高さ15メートルのアンテナが立ててある。アンテナタワーは紅白に塗って、13メートルの所には作業台も設けてある。これは無線仲間の協力を得て、自作して建てたものだ。直径10センチの鉄パイプを3本繋ぎ合わせて作った。タワーには21メガと144メガのアンテナを設置してある。

　次の日も見つからない。海図上では付近一帯の捜索が終了している。夜8時を過ぎた頃、横浜の海上保安本部オペレーションセンターから、この日の最後の電話が来た。「今、みなさんが帰りました。明日は…」海図を見ながら明日の捜索範囲を話し合った。原点に戻ることにした。マーメイドⅡが最後に連絡してきた場所、北緯33度35分、東経137度50分、ここを含んだ海域の北東側一帯の捜索をお願いした。

　この付近の海況は潮流と風向が向き合っている。ヨットは風によって風下に流されるが、この速度と潮流によって流される速度の差が少ないのかもしれない。その場合は元の場所付近ということになる。今までは、潮流に流されている想定で捜索場所を決めていた。この強風では2ノット位で風下に流されるだろう、だとすれば、やはり元の場所付近、ここはまだ探していない。

　翌20日午前10時過ぎ、その日一番の電話で「発見しました！」。

　2回目の電話で「巡視船かみしまが現着、救助しました」。

3回目の電話では「船体を曳航します。どこへ向けましょうか。清水でよろしか」。一瞬考えた末「清水でよろし、清水へ向けて下さい」。こうした時は、「よろしい」と言うのを「よろし」と言う。省略して言うということで、緊迫した状況の時に使う。

　永田さんへ知らせた後、清水での受け入れ準備をしなくてはと思った。どんな準備が必要なのかと頭をフル回転させていたら次の電話。「現場と協議した、北東の風が強く、清水への曳航は難儀、鳥羽ではどうか」「鳥羽でもよろし」。直ちに神戸の永田さんへ電話して、鳥羽に曳航することを知らせた。私の役割は終わった。

　堀江さんが無事でよかった。願いは叶った。時に29歳。

　それから1年後、私が太平洋横断の航海に出る半年前、神戸の永田敏明さんにお会いした。そして私の航海もサポートして下さることになった。今は亡き人だが、御遺族とは今でも親交がある。

　堀江謙一さんは、私が出航する1週間前の5月12日に清水に来て下さった。5月4日に単独世界一周を成し遂げたばかりの時だった。出航準備中の"チェリブラⅢ"に乗るなり「わいの船より良いわ！」。

おけらグループとの出会い

　1973年（昭和48年）早春、静岡の杉山好宏氏が訪ねて来た。夕刻だった。彼はヨット好きのアマチュア無線家。庭にアンテナを立てた時には随分とお世話になった。私よりひとつ年下でとても朗らかな性格だ。

無線室に入って来るなり携えていた図面を広げて「今こんなヨットを造っている」。それを見て驚いた。良い、良いラインをしている。走りそうだ、帆走性能には申し分なさそう。この頃には、

オス型

ヨットの図面を見ればその艇の性格や帆走性能が予測できた。幾ヶ所か変更すれば世界を走れるだろう。自分が探していたヨットだ。とっさにそう思った。変更できるだろうか？
　彼から詳しく話を聞いた。「東京の世田谷で、仲間4人で造っている。各々が1艇ずつで合計4艇造る。FRP製で、設計は斉藤茂夫氏。今オス型を造っているところ」。
　2日後の日曜日、彼と一緒に世田谷へ行った。世田谷の作業場は掘っ立て小屋、高速道路の脇だが周りは畑、すでに3人が作業していた。斉藤茂夫氏、多田雄幸氏、池田武氏の3名。自称「おけらグループ」。デッキのオス型を仕上げていた。細部の削りだし、ペーパー掛けの段階だった。夕刻まで作業を手伝った。1日一緒に作業することで互いに理解し合えるからだ。
　仕上げ作業の妥協点は高かった。造船に対する考え方や、持っている技術にも納得した。合格点。先方も私を観察していたことだろう。お互い、相手に納得したという感じがした。
　夕刻、多田氏のマンションに移動した。同じ世田谷だった。

多田氏は独身で個人タクシーの運転手。後に世界一周単独ヨットレースでクラス優勝した人である。ここで、3人が寝起きしているという。

さっそく、設計図を広げて細かな打ち合わせをした。まず艇の使用目的を話し、そのための変更点を検討した。艇のライン、水線下のラインはそのままでOK。ホームスタビリティー（復元力）を上げたいので、バラストを100キロ増す。バラストを取り付けるヒンジには横にひねる力が掛かるので、バラスト取り付け部のヒンジ幅を広くする。水線下・水線上・デッキ・ステム（船首の中央部分）の積層数を増やして厚くする。マストを1メートル短くする。ステー（マストを立たせておくためのワイヤー）の太さは8ミリにする。船首にビット（舫いロープを結ぶための頑丈な柱）を取り付ける。エンジンはヤンマーのYS12にしたいので、エンジンベットの強度を上げる。

構造上の主だった変更点はこれくらいだった。これらの変更はすべて可能だとの返事を聞いた後、船体完了時期の打ち合わせをした。来年5月に出掛けたいので、今年の7月から艤装に取り掛かりたい。それまでに進水できるか？

建造期間は充分だったので2番目の艇、すなわち最初の艇ではなく2番目に造るのを私の艇にした。最初の艇より2番目の方が慣れてきて良いと思ったからだ。

船体にバラストを付けただけの状態、すなわち、船内は空っぽでデッキ上には何も付けてない状態での材料費負担額は170万円。合意した。全員の視点がヨットキチガイだったので話し合いはスムーズだった。

この頃"チェリブラⅡ世"を売りに出した。『舵』誌の「売り

たし　買いたし」欄への掲載をお願いし、翌々月号に掲載された。「26フィート、セーリングクルーザー、全国回航可、価格120万円」。買った時と同じ値段にした。随分と手を加えてあったが、ヨットを売って儲けようという気はしなかった。すぐに売れた。買いたいという電話は72人からあったが、浜松の鈴木良雄氏に譲った。

造　船

　4月下旬、私の艇の建造が始まるという連絡を受けてさっそく出掛けた。造船場所は三浦半島の三崎・宮川海岸近くに移っていた。油壺・シーボニア・諸磯に近く、城ヶ島の橋の手前を左に下りた所である。毎週水曜日と日曜日に通った。水曜日は昼から、日曜日は早朝から三浦半島の三崎へ車を走らせた。清水から3時間半かかった。

　斉藤、多田、池田の各氏が専従で作業していた。私と静岡の杉山氏は自分の仕事の合間だけ。時折、他の助っ人も来ていた。

　FRP（ガラス繊維を何枚もかさねて作る）の積層は1日に1枚ずつにした。FRPは脱泡が命。脱泡の良し悪しで強度が決まる。ていねいに納得のいく作業をした。出来上がったハル（船体）とデッキを接合し、バルクヘッド（船体の隔壁）を付けて本体が完成した。艇を屋外に出してバラストとエンジンを取り付けた。

　エンジンについては佐野氏のお世話になった。彼は清水でのヨット仲間だ。工作機械の販売会社を経営している。ヤンマー製のYS12型（12馬力）を発注した。23万円也。届け先は三崎の造船場所にした。

特注したバラストとエンジンの取り付けが済み、艫周り（とももわり）（スクリューなど）を艤装する段階にきた。実は、この艫周りについては打ち合わせしてなかったが、機材の仕入れ、芯出し、取り付けをも彼らがやってくれた。機材の費用はこちら持ち。スクリューとラダー（舵）が付いて、船体は完成した。

　この頃、日本船具株式会社から「艤装品をすべて３割引」という話が舞い込んできた。造船所として認められた証だ。さっそく、斉藤氏がリストを作り、翌週には皆で東京の日本船具へ買い出しに出掛けた。

　ウインチ・ブロック・クリート・ティラーヘッドなどデッキ上に付ける艤装品を仕入れた。楽しかった。ついついホッグホーン（霧笛）も買ってしまった。車に満載、しめて40万円ほどだった。取り付けは彼らがやってくれた。予定にはなかったサービス作業だ。

　この頃、佐野氏の友人、府川氏が仕事を手伝ってくれた。早朝の２時間ほどだが、大助かりだった。仕事は９月末まで続ける予定でいた。その後は彼に譲ってもいいと思っていたが、結果はそうはならなかった。それでも３ヶ月間手伝ってもらって大助かり。ありがとうございました。

　いよいよ進水させる時が来た。シーボニアヨットハーバーで進水させた。真新しいヨットハーバーだ。シーボニアまでは１キロ位の距離。真夜中にトレーラーに載せて運び出し、早朝に進水させたという。私は立ち会えなかった。私が行った時には浮き桟橋に繋がれていた。進水式はやらなかった。すべての艤装が終わった時に清水でやることにした。

　進水したヨットは、マストは立っていないがエンジンで走

ことはできる。佐島マリーナへ向かった。その後、油壺へ行ってマストを立てた。油壺ボートサービスの福留清彦氏にお世話になった。

　マストの製作はT&M社にお願いした。素材はアルミニウム。設計ではTの長さ、すなわち、マストの先端からグースネック（ブーム：横桁との接合点）までの長さが10メートルだったので、10パーセント減らしてTは9メートルにした。荒海を帆走する艇はTを10パーセント短くするというのがこの頃の定説だった。

　グースネックからデッキまでは1メートル。これはそのままだからマストの高さは10メートルになった。オンデッキマストである。

　この頃の日本ではアルミニウムマストの溶接ができなかった。芯材を入れて外からリベット留めで繋げる工法だった。この工法に不安はなかったが、出航時には芯材を2本予備パーツとして積み込んだ。万一折れた時の修理材としてだ。

　外洋を帆走する艇のマストは木が良い、折れた時に修理できるというこの頃の説を、芯材を積み込むことで解決できた。もちろん、手動ドリルとリベッターも積む。これで洋上でも修理できるようになった。

　マストステー（マストを立たせておくためのワイヤー）の太さは8ミリに変更してある。設計では6ミリ。フォアステーとバックステーは2本ずつ、ロアーステーは両舷で4本、インナーフォアステーも付けた、サイドステーは変更なし、ステー数の合計は11本。

　高さ10メートルのマストを11本のステンレス製8ミリワイ

ヤーで支えている。ガチガチに固めたという感じである。これなら、ひっくり返っても大丈夫。セールで海水をしゃくっても大丈夫だろう。

　ステーと船体を繋ぐターンバックルはギブ社製とロンスタン社製を使い分けた。1本のステーに艇の全重量が掛かっても大丈夫なように破断力の計算をして選んだ。

　油壺への急坂を下りた所の傍らに、新しいマストが置かれていた。前日に出来上がってきた。次の日の早朝にマストを起てる手はずだ。その夜は艇に泊まった。内装の施されていない空っぽの艇に寝袋を持ち込んで、杉山氏と2人で泊まった。翌早朝、「どのようにして起てるのかな？」と思っていたところへ、油壺ボートサービスの福留氏の従業員2人が足船でやって来た。

　"チェリブラⅢ世"にマストを積み、係留中の大型ヨットと大型ヨットの間に移動させた。両側から大型ヨットに挟まれた態勢になった。左右の大型ヨットのメインハリヤード（メインセールを揚げるためのロープ、マストトップに取り付けられている）を緩めて、積んで来たマストの先端に繋いだ。そして両側のヨットのハリヤードを同じ速度で巻き上げた。マストは徐々に起ち上がり、ものの10分ほどで直立状態、そしてマストステップにスポッと納まった。あっけないほどスムーズに起った。両側でハリヤードを巻き上げたのは油壺ボートサービスの人で、我々はデッキ上でマストの根元を持ってステップに誘導する役割だった。

　この日は9本のステーを取り付けた。前と後ろのステーは1本ずつ、2本目は用意されていなかったから。

数日後、艇はシーボニアの奥に位置する諸磯湾の"ミスティー"号に横抱きさせてもらった。清水へ回航するまでの10日間ほど。ミスティー号は安藤遥氏の所有だ。彼の好意に甘えてお世話になった。彼とはアマチュア無線で知り合った。船舶の無線機器取り付けを仕事にしている。その後、当然のことながらアマチュア無線機器の取り付けを彼に依頼した。

　清水へ回航する日が来た。回航は静岡の杉山好宏氏と2人だった。この日は、15メートルクラスの西からの強風だった。諸磯を出てシーボニア沖の暗礁を通過するまでは真正面からの風になった。エンジンをフルスロットルにしてもほとんど前には進まない。仕方なく、狭い水路をジグザグしながら前へ進めた。内装がないため艇が軽くスクリューの深度が浅い。風波の影響も大きかった。この時はまだセールが出来ていないので機走、エンジンだけでの回航だった。

　土曜日の夜8時頃諸磯を出て翌朝清水に着いた。清水では岡村欽一氏が出迎えてくれた。係留場所は大洋バース、"チェリブラⅡ世"を置いてあった場所だ。係留費は無料だった。

　清水に着いた数日後にセールが届いた。セールは東レ社製の生地で、世界一周計画を知った東レ社から生地の無料提供の申し出があったのでお願いした。メインセール2枚とジブセール7枚。提供の条件は、2枚作るメインセールの内の1枚に東レマークを付けるということだけ。縫製はウルマー社に依頼した。

　翌日さっそくテストセーリングに出た。内装を施してないので重量が軽い、そのために喫水が浅くなっていたが、ヒール角度（傾斜角度）は20度と30度辺りでの踏ん張りが強かった。タンブルフォーム（船腹が丸く張り出した形状）が予想以上の効

果を発揮していた。内装と搭載品とで1500キロ位重くなる予定なので、ヒール（艇の傾き）は15度と25度辺りでの踏ん張りが強くなるだろう。OKだ。セールのサイズや縫製も問題なかった。

ヨットレース

　翌日曜日にはレースに出た。駿河湾を横断して伊豆半島の田子島を廻るレースだった。往復30マイルほどのコースで、12艇が参加した。田守氏が乗る"淬励"（さいれい）（オーナーは松浦源氏）、岡村氏が乗る"ドクター"（オーナーは池ヶ谷泉氏）の姿もあった。

　西の風10メートル、曇天、うねりあり。田子島には4位で取り着いた。廻航は先行艇にならって灯台のある島のすぐ横を廻った。うねりが3メートル位あったので島の手前で廻航をためらっていた艇もあったが、躊躇（ちゅうちょ）なく廻航態勢に入った。島の手前でジャイブ（風を後ろから受ける態勢での方向転換）し、真後ろから風を受ける態勢にして大きなうねりとともに突入した。波に乗ってサーフィングした。

　この島の周りには暗岩や洗岩がたくさんある。運良く、うねりに乗った高い位置でこれらの暗礁を乗り越えた感じだった。今思うとゾーっとする。無茶をしたものだと反省している。

　田守氏が乗る淬励はここでマストが折れた。岡村氏が乗るドクターは廻航を躊躇しているように見えた。

　着順は4位。思っていたほどの帆走性能が得られなかったが、これは、艇が軽いために水線長（水に浸かっている部分の長さ）が短くなっているためだから、内装が出来上がれば問題

は解決する。

　ヨットレースに初めて出たのは東京商船大学清水分校のヨット部での草レースだった。中学2年の時、A級ディンギーで参戦した。

　A級ディンギーは長さ3.65メートルの1枚帆で、イギリス人が設計した世界的に歴史ある艇種だ。当時は国体やインカレでも採用されていた。これに2人乗ってレースに出た。6艇中3位だった。中学生の私がヨット部の大学生をクルーにして、先輩たち相手に3位になった。このレースで認められた感じだった。その後は、いつでも乗せてもらえるようになった。

　その後もレースにはたくさん出た。市民大会や県のスポーツ祭では優勝、東京オリンピックの選手選考会にも出たが、これは惨敗。小花さん、村岡さん、藤巻さん、岸上さん兄弟など、清水の先輩たちが前の日から泊まりがけで支援してくれたがダメだった。初めて乗るフィン級。初めて走る蒲郡の海。全く歯が立たなかった。散々の成績だった。

　このとき勝った熱海の山田貴司氏がフィン級の日本代表選手として東京オリンピックに出た。以前、山田氏とは、A級でレースしたことがあったがフィン級では全く歯が立たなかった。

　フィン級は1枚帆で1人乗りだがA級よりはるかに大きい。艇の長さは4.5メートル。セールエリア（帆の大きさ）はA級の倍くらいに感じた。これを乗りこなすには90キロの体重が必要だという。この頃の私は45キロだった。日本人の体形に合わない、日本では全く普及していない艇種だったが、東京オリンピックのために用意された中古の木造艇だった。蒲郡ヨット

ハーバーの艇庫に15艇ほど並んでいた。
　A級（1枚帆）とスナイプ級（2枚帆）しか乗ったことのない私にとっては手に負えなかった。
　時に1964年（昭和39年）初夏。20歳だった。

艤　装
　田子島レースの翌週、艇を上架（陸揚げ）した。いよいよ内装工事に取り掛かる。年末までには完成させたい。図面は出来ている。もちろん自分で描いた。アコモデーション（居住区の配置図）の作成はとても楽しかった。
　長さ9メートル最大幅3メートルの中に、セティーバース（メインキャビンにあるソファー兼用の就寝スペース）・チャートテーブル・ギャレー（調理場）・トイレ・ハンギングロッカー・ストッカーなどを配置する。使い勝手、重量配分、高低差などを配慮しての配置だ。
　限られたスペースでの配置だが今までに吸収した知識をすべて活かした。艇探しの折に見た数多くの艇、むさぼるように見た『舵』誌の図面、先輩から語り聞いた安全対策などを織り込んだ。多くの航海記を読んで心に温めておいたオリジナルの設備も取り入れた。もちろん、自分の体に合ったサイズで設計した。
　内装はチーク材で造ることに決めてあった。早くから材料集めをしてあり、この頃にはトラック1台分を集めてあった。チーク材はとても高価だから原木を買ってから木どりするほどの余裕はなかった。
　村岡司朗先輩から「原木を挽いた時、機械にかからない半端

な部分が残る」という話を聞いた。村岡氏は経木(きょうぎ)作りを営むその道のプロだ。幸い静岡は家具の産地でその道の業者は多い。原木を扱う業者を電話帳で調べたら4軒あった。そのうちの3軒でチークの在庫があるという。

　さっそく訪ねた。1軒目で1本積んだら「5,000円」と言われたので即返品した。これは製品の値段。製品を買うほどの余裕はない。半端物の値段でお願いしたい。

　2軒目では冒頭に用途と夢を話した。夕食を終えたばかりの社長ご夫妻は感銘してくれた。入用なだけ積むようにと言ってくれたので全部を積み込んだ。長さ3メートル、形はさまざま。板にするもの、柱にするものなど考えながら積んだら結局全部になってしまった。仕事で使っている750キロ積トラックが悲鳴を上げるほどの量だった。50本位あった。

　積み終わってから社長さんが「5,000円」、全部で5,000円ということだ。深々と頭を下げ、心の内で手を合わせた。感謝、感謝。

　内装の木部製作は川崎造船所の川崎昌平氏にお願いした。以前から何度も足を運び、図面を見せ、材料は集めてある旨を話してOKしてもらっていた。

　完成時期は年内を目指した。1973年（昭和48年）末ということ。時に小生30歳。

　家に保管してあったチーク材を川崎氏の作業場に運び込んだ。川崎氏は図面に基づいて板や柱の枚数を割り出し、木どりに取り掛かった。数日後「チークが足りない」との連絡で、再度、静岡の材木店を訪ねた。快く譲ってくれた。以前とほぼ同量を積み込んだ。またまた「5,000円」。感謝！　感謝！

木どりは意外と早く終わった。原木の半端物は板と柱に変身していた。板は幅10センチで使用箇所に合わせた長さに出来上がっていた。これを「仕上げ屋」に運んで表面を研磨し、えんこ張り用に断面加工した。この時、仕上げ屋さんの研磨機の刃が欠けてしまい、3万円の修理費を支払うはめになった。「チークはとても硬いので、こうしたことも起きる」という。内装にチーク材を選んだ理由には、木目の美しさに併せて硬さが充分あるということなので仕方ないと思ったが、加工賃より刃の修理費の方が高くなってしまった。

　すべすべに仕上がったチーク材は大洋バース上架場の小屋に運び入れた。小屋は天野回漕店から清水港ヨット協会が借りていた。大洋バースに面した、上架した艇のすぐ横である。ここをベースにして艤装をする。

　川崎氏の作業が始まった。朝8時から夜8時頃まで作業してくれた。朝8時前に行って川崎氏に挨拶、そして打ち合わせ。夜は川崎氏の作業が終わってから明日の打ち合わせ、その後に自分の作業、そして片づけと掃除。木屑を処理して掃除機をかけ、川崎さんの道具をきれいに並べて作業終了。帰宅するのは夜中の11時から12時だった。

　川崎氏が内部で作業をしている間はデッキなど外部の艤装をした。最初は、トゥレール（デッキの外周を囲う部品）の取り付けから着手した。アルミ製で長さ4メートルのものを5本仕入れ、ボルトは太さ6ミリ、長さ30ミリのものを110本用意、ワッシャ・スプリングワッシャ・ナットも同数。すべてステンレス製だ。

　艇の船首から船尾に至るまでは湾曲している。カーブに沿わ

せて曲げながら、20センチ間隔にボルトを打ち込んだ。外からできるデッキの穴あけ、ボルトの打ち込みは昼間の作業。内部のナット締めは川崎氏が終わってからの作業、という具合だった。1人での作業なので手間取りはしたものの予想よりスムーズにできた。

2人になった

　この頃、田辺氏から世界一周の航海に同乗したいという申し出があったので一緒に行くことにした。世界一周ふたり旅になった。

　辺さんとはFC級ヨットを譲ったのを契機に知り合い、その後"チェリブラⅡ世"の共同オーナーになった。富士駅前の繁華街で、良知氏とともにレストランを経営している。レストランを良知氏に任せて、私とともに4年間の世界一周航海をしたいという。後に断念することになってしまったが、この頃はその気だった。

　11月になって間もなく辺さんが来た。私の家で寝泊まりした。翌年の2月まで100日以上2人で作業した。私は9月末で家業から離れ、10月からはヨット造りに専念していた。計画どおりだった。

　2人になってからは作業がはかどった。クリート（ロープを止めるための部品）・ベンチレーター・スピードメーターの取り付けから、ステムの補強、ライフライン・ジブローラー・マストサポート・キャノピー製作などをした。

　この頃、ジブローラーシステムは見かけなかった。外国ではあったものの日本では見かけない。たまたま、上智大学の

リー・アンダーソン氏が所有する"イーストポール"号に装備されているのを見つけて１週間借り受けた。システムだけ取り外して借りた。
　ジブセールの上端と下端に回転する部品を付けてジブセールを巻き上げる方式だ。これを使えばセールの展開、収納が速くできる。借りてきたその夜、さっそく分解して設計図を作った。
　下端の巻き上げドラムは直径15センチ、上端は６センチ。自作したかったが自分では手には負えなかった。ステンレスを削り出すのには旋盤が必要だからだ。イーストポールの現品は銅製だが私はステンレス製にしたかった。本体はステンレス製で回転部分にはテフロンを使いたかった。ベアリングは使わない。故障の元になる。テフロンの塊は入手できる。テフロンの摩擦抵抗は氷と氷を擦り合わせた程度だと聞いている。圧縮にも強い。
　図面とテフロン、それに現品を持って石原鉄工株式会社を訪ねた。ここには同級生がいる。親が経営者。ステンレスの切断、折り曲げ、溶接など今までに何度もお世話になっている。ここには大きなプレス機があって、切断や折り曲げが自由自在にできる。
　この日も快く相談に乗ってくれた。そしてステンレスの部品製作をする鉄工所へ連れて行ってくれた。３日後の夜出来上がった。ステンレス・テフロン・シャフトなど見事な出来栄え。金３万円也。
　これを組み立て、巻き上げ用ロープとシャックルを付けて完成した。翌日さっそく、大洋バースでテストした。上出来だ！　実に軽くセールを巻き込み展開もスムーズだった。傍ら

で見ていた藤巻和佳氏が思わず感嘆の声を上げた。

　プロペラ（スクリュー）シャフトに付ける電食防止材も自分で作った。亜鉛板を溶かして木型に入れ、冷ましてから２つに切り、シャフトに挟んでボルト止めする。

　亜鉛板は漁港から拾ってきた。何年も前に10個ほど拾ってきて保管してあった。漁船の電食防止材は５×10センチ位、厚さ３センチ位の平形。交換して捨ててあるものでも、半分以上の厚みが残っていた。亜鉛は、缶詰の空き缶に入れて火に掛けたらすぐに溶けた。溶けたものを木型に入れた。

　木型作りは、厚さ２センチで一辺が10センチほどの板を６枚用意した。１枚目は内径１インチの丸形にくり抜いて、くり抜いた部分を芯として使った。プロペラシャフトの直径が１インチということである。次に２枚目の板を内径２インチにくり抜いた。くり抜いた部分の中心に、１枚目で作った直径１インチの芯を打ちつけて出来上がり。２センチ厚のドーナツ形で、内径１インチ、外径２インチということ、とても簡単だ。

　この木型を３セット作った。この３セットに、溶かした亜鉛を流し込み、冷めてから逆さにして叩いたらすぐに取り出せた。これを２度繰り返して６個作った。３度目を作ろうとしたら缶詰の空き缶が溶け、木型も焦げてきたので２度で終わりにした。６個あれば充分だ。１度に２個ずつ付けるので、あと２度交換できる。

　12月半ばに川崎さんの作業が終わった。見事な出来栄え。しかも格安だ。途中、いろいろなアイデアを組み入れながらの作業だったが予定どおりに終わった。

　トイレ・ハンギングロッカー・ギャレー廻りなどの、扉の製

作は市川守男氏に依頼した。市川さんは私の仲人さんである。この頃は新郎新婦双方で仲人をたてていたから、市川さんは私の仲人さんということだ。市川さんはタンスの製造をしているその道のプロだった。川崎さんが木どりしたチーク材を運び込んで依頼したら快く引き受けてくれた。

　出来上がるまでの間は朝から船内作業ができた。電気配線・給排水・エンジン廻り等々。

　10日ほどで扉が出来上がった。これまた見事な出来栄えで、建て付けもすばらしい。さすがタンス職人の仕事だと感心した。

　電気配線と照明器具の取り付けが済んだので天井張りに取り掛かった。厚さ2センチのスポンジを張ってからビニールクロスを張る計画だ。天井にはナットなど多くの突起物があるので、スポンジはショック止めになる。航海中に天井へ叩きつけられることがあるかもしれないので、これを想定しての細工だった。材料は静岡の内装工事会社へ買いに行った。

　友人の紹介でプロの職人が張ってくれることになった。自分の仕事を終えてからの内職作業とのこと。初日、張り方がおかしいので作業内容、手順を聞いたら、私の考えていた工法とは全く違うので、作業を中断してもらった。

　どしゃ降りの雨の中、夜9時頃川崎さんを迎えに行って3人で話し合った。3人で知恵を絞った。職人は、私の希望している張り方は「自分にはできない」と言う。結局、この人は断わった。張りかけた場所は全部はがしてしまい最初から張り直した。自分で張り直した。

　接着剤の臭いに悩まされながらも3日目には完成した。納得した出来栄えだった。太平洋横断中この天井クッションには大

助かりした。大波で艇がジャンプして、天井に頭をぶつけた時も怪我をしなかった。赤道直下の暑い所では断熱材の役割をもした。天井に水滴が付くこともなかった。

　年末には、予定していた艤装の９割位が出来上がった。予定どおりだ。大洋バースに陸揚げした状態で年を越した。

進水式

　年が明け、1974年（昭和49年）になった。私の誕生日は10月18日。時に30歳ということ。

　頭の中は造船から航海へと切り替わっていった。

　池上昌孝氏にプロデュースをお願いした。池上氏は高校時代からの親友。彼は日興証券勤務のバリバリの営業マンだった。この航海の対外関係は彼に任せて、自分は航海の準備に専念したかったから彼にお願いした。私は彼のことを「まーちゃん」と呼んでいる。昌孝という名からの愛称だ。

　１月19日に進水式をすることにした。清水

進水式

ヨットクラブのメンバーを中心にお世話になった方々の名簿を彼に渡した。20人位。連絡するのは彼、艇を海に降ろすのは鈴与自動車のレッカー、神事は小芝神社の神主さんにお願いした。小芝神社は私たちが結婚式を挙げた所だ。

　進水式には大勢の方々が来てくれた。マストトップから船首・船尾にかけて国際信号旗を揚げた。神事の終わりにお神酒を船首にかけた。感激ひとしお。皆さんに艇の中を観てもらった。セティーバースの敷物も滑り込みで出来上がり、見た目では完成していたが、まだまだ残っている作業がいくつもあった。

テストセーリング…三浦半島へ

　2月に相模湾のシーボニアマリーナと佐島マリーナへ、4月には八丈島へテストセーリングした。天候が悪く荒れている海で帆走することにより艇の不具合や弱いところを洗い出し、それを改良するのが目的だった。これをシェークダウンと言い、多くの本がシェークダウンの実施を薦めていた。

　2月の相模湾への航海は辺さんと2人で出掛けた。早朝に清水を出航、海は荒れていた。15メートル位の北西風だった。駿河湾出口の波勝崎までは後ろから風を受けての帆走だったので何の苦もなく走り続けた。昼過ぎに波勝崎を越えて子浦港に到着。ここで2時間ほど休憩した。

　港には3隻のヨットが強風を避けるために逃げ込んで来ていた。いずれも相模湾の艇でチェリブラより大きい。一番大きい艇に挨拶に行きコーヒーを頂きながらしばしヨット談議をした。先輩たちの体験談に耳を傾けた。清水から2人で来たことを知って驚いていたが、私には先輩方のこうした経験談がとて

も役立つ。
　14時過ぎにシーボニア目指して出港した。シーボニアは三浦半島の先端に近い三崎港から山ひとつ越えた所、この艇を進水させた所である。ハーバーの後ろには高層マンションが立ち並ぶ真新しい施設だ。
　子浦港の外はまだ強風が吹き荒れていたが、明るいうちに石廊崎(ろうざき)沖の本船航路を横切りたかったので予定どおりに出港した。本船航路では右から左から次から次へと本船が行き合っていた。波が高いのでどの船も必死で一波ずつ乗り越えているように見えた。波の上に乗った時は、大きな船体が20度位浮き上がり船体の3分の1くらいが波間に見える。次には、40度位の角度で前に落下して白いしぶきを高々と上げる。とても壮大である。
　こちらも真剣だった。神子元島(みこもとじま)の向こうを廻って北上した。手前は危険だ。
　真鶴(まなづる)の灯台が左真横に見える位置まで北上して右へ転針し、相模湾を横切るコースを採った。斜め後ろから風を受ける態勢になって1時間位走った時、コックピット（操縦席）の私の対面にいた辺さんが前方へ飛ばされてキャビン入口に叩きつけられた。怪我はしなかった。
　舵は私が持っていたので、彼はウトウトしていた。後ろからの波で艇が持ち上げられ体が飛び上がった、そして前方へ叩きつけられた。時折こうした桁外れに大きい波が来ることは承知していたものの、真っ暗闇でのこの出来事は彼を意気消沈させてしまった。後に彼が世界一周航海をやめる大きな要因にもなってしまった。

私は彼に「危ないから中に入って寝たら？」と言って、キャビンに入れた。この頃は救命胴衣や命綱を付けることはしなかったので、海に落ちたら一巻の終わりだ。落水しなくて良かった。
　しばらくして三浦半島の灯りが波間に見えてきた。まもなくシーボニアのレストランの灯りが、白い塊になって見えてきた。それを目指して走っていたら、突然、灯りがパッと消えてなくなった。「ン…？」と思いながら時計を見た。22時、終業時間だ。周りに目標になりそうな灯りがなくなったので、コンパス頼りで走らせた。
　23時、岸が近くなった。潮流が強い。
　23時20分、岸まで300メートル位の所でセールを降ろし、機走（エンジンでの走行）に切り替えた。三浦三崎の赤い灯台の灯が見えた。今までセールの陰になっていたので発見が遅れた。
　艇は右方向へ流されている。相模湾の奥から入口方向へということだ。赤い灯台の灯が右から左方向へ移動していった。
　シーボニアへの入港航路が確認できない。100メートル位まで近づいたがダメ。「アンカー用意」の声を掛けた。今夜はここで錨泊（びょうはく）する。「初めての港への夜間入港は危険」と多くの本に書いてある。多くの先輩からも言い聞かされていた。初めての港ではないが夜間の入港は初めて。早朝に着く予定だったが早く着いてしまった。
　アンカーを打ち、デッキを点検してキャビンへ。バース（寝床）に入って時計を見た。ちょうど24時。枕元の窓から灯台の灯が見えた。ここから灯台への角度を確認した。窓の角から5

— 58 —

センチの所、といった具合。走錨を警戒していた。走錨したら艇は大破する。岸辺はすぐそこ、しばらくの間、時々灯台の角度を確認していたが、知らないうちに眠ってしまった。

　翌朝、外に出てみてビックリした。走錨はしていなかったものの、艇の周りには岩礁がゴロゴロしていた。10メートル間隔くらいでゴロゴロ、大小さまざま。干潮で洗岩（干出岩：潮がひくと現われる）が顔を出したということだ。ゾーっとした。

　岸までは100メートル位の位置。シーボニアへの入港航路は、左に70メートル位の所にあった。アンカーを揚げ超低速で来た道を戻った。バウ（船首）で辺さんが手招きし、無事に沖出しして入港航路へ向かった。寒中なのに汗をかいてしまった。

　シーボニアの浮桟橋へ舫ったのは6時10分。ここで「おけら」のメンバーと落ち合うことになっている。「おけら造船」はこの丘を越えた向こう側である。朝食が終わった時、斉藤さん、多田さんをはじめとした、おけらグループの人たちがやって来た。艇の性能や癖などの話をし、補助ラダー（予備の舵）の製作を依頼した。

　昼過ぎに佐島マリーナへ移動した。ここでフォアステーとバックステーを2本ずつに増やす。今は1本ずつ。普通はこれで充分だが2本ずつにする。

　事前に連絡してあったものの、ステーのスエジングとターンバックルやトングルの調達に時間がかかり、取り付けは夜になってしまった。19時半頃ハーバーの作業員がマストに登った。取り付け作業が終了したのは20時過ぎ、この日はここで泊まることにした。

翌朝、清水へ向けて出港。帰りはスムーズだった。何事もなく清水に着いた。

辺さんが断念…1人になった

　帰って来た2日後、辺さんから「しばらく休みたい」との申し出があった。日数は決めなかったが、帰って来たのは2週間ほどしてからだった。寺にこもって座禅をしていたとのことだった。心の整理をしてきたというわけだ。そして切り出した「やめたい」。ヨットでの世界一周航海に同乗するのをやめたいと言う意味だ。慰留した。いろいろ話して説得した。

　結論が出ないまま数日が過ぎた。そしてある日、辺さんの母親が訪ねて来た。「うちの子を連れて行かないで下さい」と涙を流して畳に頭を擦り付けた。この姿を見て慰留を断念した。「解りました」。

　ほどなく、辺さんは家を出た。富士市のレストランへ戻った。元どおり良知さんと仕事するという。

　去年の秋から辺さんと2人で航海する予定で準備してきたが、辺さんが行かなくなった今は世界一周ひとり旅に変わった。元々1人で行くつもりだったので、また元に戻ったという訳だ。だが、今まで2人のつもりで準備してきたから変更が必要。1人で操船しやすいように変更する必要がある。細かな点だが重要なことだ。時に2月下旬のことだった。

　間に合う、出発は予定どおりで大丈夫、5月下旬で大丈夫。心に温めたコースは決めてある。長い間パイロットチャートと睨めっこして決めたコース、夢にまで見たコース、これを変更する必要はない。私の心は決まった。4年間世界一周ひとり

旅。5月出航。

装備品

　昼は艇、夜はリスト作りや種々の手続きに追われた。1人になったが昼間は数人の仲間が手伝ってくれていた。入れ替わり立ち替わりいつも2～3人が手伝ってくれた。

　航海機器などの装備品を調達する段階になった。SOS自動発信ブイ・ライフラフト（救命筏）・ゴムボート・セクスタント（六分儀）・テーブルコンパス・ウィンドベーン（自動操舵装置）等々いっぱいあった。

　ライフラフト・ゴムボート・セクスタント・ウィンドベーンは新調した。ライフラフトは一番小さい6人用、トーヨーゴム製で、80,000円。セクスタントはサウラ製とUS製の2台で、82,250円。玉屋製のものが欲しかったが手が出なかった。せめて丸玉製でもと思ったがダメだった。ウィンドベーンはカトギヨットデザイナーズ製で150,000円、国産品第1号、ハスラーやアポロといった外国製は倍くらいの値段だった。

　これらはすべて渡辺克己氏を通して購入した。渡辺氏は4年ほど前から清水でマリンショップを開業していた。その名は「スルガマリン」。ダイバーの望月昇氏の縁者だ。

　望月昇氏は清水在住で、帆船"カレッジエイト・レベル"号に乗り組み、東京からインド洋まで2年半余り航海した人である。インド洋マダガスカル島近海での嵐で船が壊れ船体放棄したが救助された。時に1963年8月、私が20歳前の時のことだった。

　望月さんは、私が尊敬する大先輩、13歳年上で今は亡き人だ

が晩年までお付き合いさせていただいた。航海記『おんぼろ号の冒険』は何度も読んだ。

　私がスルガマリンの客の第1号だという。妻が、当時3歳だった長男のライフジャケットを買ったのが付き合いの始まり。その頃は太平洋横断の練習艇として、"チェリブラⅡ世"（26フィートのクルーザー）を買ったばかりだったので、必要なものがたくさんあった。マリンブーツや防寒スーツも買った。シャックル・ブロック・ロープ類なども揃っていたので便利だった。それまでは、三浦半島の佐島マリーナまで買い出しに行っていた。

　佐島マリーナは森繁久彌氏が造った。森繁氏と清水のヨットマンは縁が深い。昭和37年8月に同氏の所有艇"メイキッス"号が清水に入港した時からの縁である。入港中に台風12号が接近したが、この折に先輩方がメイキッスの保守に尽力したことから懇意になった。後に、私がサンフランシスコに到着した時、シスコでお会いしたが、この時も清水の話に花が咲いた。

　この頃「焼津に解体船を扱う所がある」と耳にした。さっそく焼津市へ行った。焼津は静岡市の南西、車で1時間位の所である。SOS自動発信ブイとテーブルコンパス3台を購入した。捨て値だった。

　10日ほどした頃「解体する船が着いた」との電話を受け、また行ってみた。「好きなだけ言いな」との声に、勇んで船内を物色した。200トン位の漁船だった。ロラン受信機（ロラン波で艇の現在地を割り出す機器）のほか、バロメーター（気圧計）や双眼鏡などの小物を購入した。またまた捨て値だった。深々と頭を下げ心の中で合掌した。

ロラン受信機は予定していなかったが、1人での航海にはこれがあれば心強い。今思えばセクスタントやライフラフトもあったはずだが、これらは先に新品を買い揃えてしまった。予算オーバーに悩んでいたのでこれだけでも大助かりした。
　当初予算は430万円、4年間の航海費用をも含めた額である。艇に使えるのは造船と搭載品を含めて300万円が精一杯。この頃すでに300万円に達していた。
　オイルショックの影響で物価が急激に高騰した時期だったので、何もかもが高くなっていた。高くても買えればいい方だった。スーパーマーケットなどの店先からトイレットペーパーが消えたのはこの時期だった。ステンレス材も手に入らなくなった。
　ある時は、8ミリ径のステンレス棒25センチが買えなかった。たったの25センチなのに売ってくれなかった。行きつけの鋼材店で「業者の人にも売らないから」といって断られた。この時も石原鉄工の同級生に相談した。そしたら彼が一緒に鋼材店へ行ってくれて、買うことができた。値段のことは言いだせない状況だった。
　こうした時期だったので予算オーバーした。しかし装備を削ることはしなかった。
　ロランを取り付け、操作の勉強をした。正確な位置を読み取れるようになった。ロランチャートも揃えた。
　アマチュア無線機の取り付けも終わった。21メガ帯のアンテナはマストトップから船尾へのバーチカルアンテナ。これは諸磯の"ミスティー"号の安藤遥氏の作。実に良く飛んだ。
　予備としてホイップアンテナも取り付けた。モールス信号用

の電鍵も装備した。電信級アマチュア無線技士の免許を取っておいてよかった。モールス信号は発光信号にも応用できる。発光信号は後に一度だけ使ったことがある。発光器は車のヘッドライトを改造したものだった。艇は完成に近づいた。

搭載品

　搭載品のリスト作りには、今までに学んだこと、先輩からの話や本で学んだことのほか、自分の失敗経験をも加えた。予備部品はひとつのものが壊れても大丈夫なように、二重三重に備えた。

　４年間の世界一周に必要なものはすべて最初から積み込むことにした。途中での調達はしないということだ。しかし食糧は別にした。

　ラジオは防水のもの、短波放送対応のもの、多バンド対応のものを１台ずつ積んだ。"マーメイド"号の堀江謙一氏が太平洋を渡った時は、ラジオの防水に苦慮した様子が『太平洋ひとりぼっち』に書いてあった。これから得た教訓は防水ラジオを積むことで解決した。多バンド対応ラジオは方位測定や無線機故障の際に必要だった。

　消火器は２台。１回使った後の備えとしてもう１台積んだ。腕時計はストップウォッチ付きのもの。ストップウォッチは天測や速度を測る時に欠かせない。無線機やスピードメーターが壊れた時への対応だ。ストップウォッチ単独のものも積んだ。

　煮炊き用のコンロは、灯油をケロシンで温めて気化させるノルウェー製のもの。灯油は世界中で入手しやすい。ノルウェー製のものは信頼性が高いとされていた。水は20リットルのポリ

タンクに小分けする。腐敗やタンク破損時の被害を最小限にするため。空になったポリタンクは浮きとしても使える。

　辞書は英語の他に5ヶ国語必要だった。缶詰にはフチの部分を蝋付けする。腐食による穴開きを防ぐためだ。

　これらのものの多くは企業から提供してもらうことにした。航海計画書に提供依頼文を添えて企業へ郵送したら、ほとんどの企業が賛同してくれた。

　松下電器（現、パナソニック）様からは、防水ラジオと多バンドラジオと短波帯受信可能ラジオの計3台。防水ラジオは水に浮く優れもので、海中でも鳴っている。

　タグ・ホイヤー様からは、ストップウォッチ付きの多機能腕時計。とても役立った。終始使っていた。

　はごろも缶詰様からは、缶詰37種835缶。充分の数量、美味しかった。社長の後藤磯吉氏は、清水海洋少年団の初代団長だった。

　サントリー様からは、チェリーブランデー1ケースとTシャツなど。艇の名はこの酒から名付けた。

　三光町病院様からは、医薬品一式。検討チームを作ってリストアップしてくれた。感謝。

　この他にも、消火器、栄養剤などたくさんの提供を受けた。

"ひねもす"林艇長…関西ネットワーク

　この頃"ひねもす"号が世界一周の航海を終えて帰って来た。さっそくひねもすの艇長、林宏氏を訪ねて大阪へ行った。

　清水を出港するまでに林さん宅には3度行った。御自宅に泊めていただいたことも2度ある。いろいろと教わった。清水に

来て下さり5日間泊まり込みで教わったこともあった。

　六分儀を使っての天測からグアム島のアガニアボートベースへの入港方法まで幅広く教わった。2人でテレビ出演もした。

　林さんのひねもすはディープキールのスループだったので、その特性を詳しく聞いた。『ひねもす航海記』は何度も読み返した。

　林さんから神戸の永田敏明氏を紹介していただいた。永田さんとは"マーメイドⅡ"の捜索の折に電話で話したことがあったが、お会いするのは初めてだった。永田さんからは吹田市の水谷氏を紹介していただき、水谷氏から航海日誌を5冊プレゼントしてもらった。こうして関西との繋がりが広がっていった。関西には、堀江氏、牛島氏、鹿島氏、林氏、青木氏など経験豊かなヨットマンが多い。これらをサポートする人たちの輪ができている。永田氏を中心にした輪だった。

　永田氏は漁船の船長として南洋を航海した経験者。神戸の六甲山の山麓に居を構え、この頃は陸の仕事に変わっていたが"黒潮丸"という大きなコンクリート製ヨットを所有していた。周りの人たちからは「船長、船長」と呼ばれ、人望の厚い人だった。御自宅には4度伺った。その度に御馳走になったし、泊めていただいたこともある。林氏からの紹介と私がマーメイドⅡを捜索した時の縁で、私の航海をもサポートしてくれることになった。後に、私がハワイ入港中には"コラーサ"号の鹿島さんとともに御家族でハワイまで来てくれた。

　その後、瀬戸内海の直島のアマチュア無線家、三宅氏とも知り合うことになり、永田さんや三宅さんを軸にした関西の空のネットワークができていった。航海中の無線ネットワークだ。

航海中の連絡はアマチュア無線。144メガ帯・7メガ帯・21メガ帯で行うが21メガ帯での交信がほとんどになる。この周波数は波長が長いので、日本の各地に協力局を設けた方が良い。清水には、弟の他にたくさんの協力局がある。妻もアマチュア無線の免許を取得した。電話級だけだがこれで充分だ。
　自宅に立ててあった地上高15メートルのアンテナは撤去した。留守中の落雷を心配した妻の要望だった。代わりに地上高3メートルのアンテナを立てた。これは21メガ専用。無線機の設置も済んだので航海中でも自宅と交信できる。
　アンテナの撤去や無線機の設置には、弟や近郊の無線家が協力してくれた。アマチュア無線すなわち空での会話から知り合った人たち。この人たちは各々が職業を持っているので、それぞれの専門分野で造船や出航準備を手伝ってくれた。
　岡本氏は蒔絵師なので、艇の名前をエナメルで書いてくれた。船首の両舷に"CHERRYBRA Ⅲ"の文字、船尾には船名のほかに国籍と所属港。
　松浦源氏は板金屋さんなので、艇のギャレー廻りにステンレス板を張り巡らせてくれた。

鈴木良雄君…一緒に乗せて下さい

　3月下旬、出航まであと2ヶ月。
　「ヨットで世界一周する話を聞きました。一緒に乗せてもらえませんか？」と鈴木良雄君からの電話。「両親の承諾を得てますか？」「大丈夫です」「両親と一緒に来て下さい」。辺さんが両親の反対でやめたばかり。私は1人で行くつもり。出航は間近。また同じことを繰り返している暇はない。

鈴木君は私が以前に乗っていた"チェリブラⅡ世"を買った人だ。浜松在住の26歳で独身。家業の古紙販売を手伝っている。大学でヨットをやっていたという。
　翌日、鈴木君が御両親とともに自宅へ来た。御両親も「お願いします」と頭を下げたので、同乗するに当たっての事柄を話した。結局、1年間だけ同乗することになった。清水からオーストラリアのダーウィンまで。清水〜サンフランシスコ〜ハワイ〜マリアナ諸島〜ダーウィンということになる。食費などの経費負担は50万円である。

また2人になった

　操船の面では2人の方が楽だが、2人だと人間関係での煩わしさが生じる。人間関係の煩わしさは平岡先輩からいやというほど聞かされている。狭い船の中なので、相手の「箸の持ち方まで気に入らなくなる」という。
　平岡さんは"カレッジエイト・レベル"号に望月昇さんや花村勤吾さんたちと一緒に乗り組んで2年半の航海をしている。清水ヨットクラブのメンバーで大先輩だ。
　私は、艇のこと以外では相手のことに関知しないことにした。鈴木君にもそうするように話した。帰国したら航海中の嫌なことは忘れる。誰にも話さないと約束し合った。
　辺さんの時とは訳が違う。何もかも解り合い、気心を知り尽くしている人とは違う。半年ほど前に知り合ったばかりである。人あたりが良いことは解っていたが、性格もヨットの腕前も知らない。
　操船の面では2人の方が楽だ。煩わしい人間関係に係わりた

くなかったが、多少のことは覚悟した。
　鈴木君のことを「良ちゃん」と呼ぶことにした。良雄という名前からだ。数日後、良ちゃんが来た。そして私の家に泊まり込んだ。無線室として使っていた離れ家で寝泊まりし、食事は私たち家族と一緒にした。

最後の艤装

　艇は完成していたが、もう少し手を加えたいことがある。バース（寝床）の増設、波風を避けるためのキャノピー、テーブルの製作などだ。
　艇には2人分のセティーバースを備えていたが、あと2人分備えて4人が寝泊まりできるようにした。追加した2人分はパイプバース。直径5センチの鉄パイプに亜鉛メッキし、布キャンバスにハトメを打って取り付けた。このバースは脱着自由。普段は取りはずしてセティーバース脇に収納し、必要になった時だけ取り付ける。2段ベッドなので、上下の圧迫感がないように取付位置を30センチ横にずらした。上々の出来だった。
　キャノピーはキャビン入口に取り付けて風やスプレイを避ける。強度が必要である。直径2センチのステンレス製パイプ3本を曲げ、布キャンバスにハトメを打って6ミリロープで巻きつけた。パイプの折り曲げは同級生のいる石原鉄工に持ち込み図面を見せたら快く引き受けてくれた。図面は自作、艇の入り口にかぶせる形で、折りたたみが素早くできるよう気配りして描いた。キャンバスの部分は自分で作った。ハトメを打つ道具も自分で作った。上々の出来、幾度もの時化に耐え、帰国するまで健在だった。

テーブルは、キャビンの中でもコックピットでも使えるようにした。内装に使ったチーク材の余ったもので作った。長さ80センチ幅60センチ。出来上がったテーブルの足を中央部分で切り、二つ折りにして収納できるようにした。航海中は小さくたたんでフォクスル（船首の部屋）へ収納する。これの出来はイマイチ、もう少し強度が欲しかったが材料不足だったので仕方ないことだった。

　セティーバースには差し板をはめ込んで、艇が傾いても転げ落ちないようにした。蓋のない棺桶のような形状だが時化の時は両手両膝で踏ん張ることができる。艇がジャンプして体が飛び上がっても、天井には20ミリ厚のスポンジを入れてあるので大丈夫。この差し板は簡単に脱着できる。外した板はバース横のスペースに収納する。停泊中などは外しておく。外せば長さ2メートルのソファーになり、サロンと化す。左右で6人がゆったり座れ、詰めれば8人は座れる。

　バース横に充分な収納スペースを設けておいてよかった。長さ2メートル、幅20センチ、深さ25センチ。これを両舷に設けてある。セティーバースの差し板やパイプバースのパイプといった長い物もすんなりと収納できる。蓋を付けてないので、ちょっとした小間物を置くのにも重宝した。

テストセーリング…八丈島へ

　4月中旬、出航まであと1ヶ月。2度目のテストセーリングに出た。八丈島を目指した。1週間の予定、帰りに相模湾の油壺へ寄る。
　今回は4人で行った。私たち2人の他に田村、楠田の両君が

乗った。両君ともに東海大学海洋学部の4回生。建造中に手伝いをしてくれていたので彼らの乗船希望を受け入れた。

　この頃「本土から八丈島に着いたヨットはない」と聞いていた。目指したヨットは何隻かあったが、どの艇も島に取りつくことができなかったという。潮流が強いからだろう。

　今回のテストセーリングの目的には、艇のシェークダウンだけでなくナビゲーションと人間関係のテストも含んでいた。

　朝、清水を出て御前崎から神津島・三宅島・御蔵島の東を通り、八丈島の神湊港を目指した。神湊港は八丈島の東側に面した漁港で、30時間で着く予定である。翌日の午後3時に着く計画だった。

　海は波が出ていたが風は適度、5～6メートル。北西風だったので走るのは楽で、デッキに波をかぶることもなかった。

　午後4時、到着予定時刻を過ぎたが島が見えない。ロランで現在地を確認したら東に流されていたので針路を修正した。午後6時過ぎ灯台の灯を目視。神湊港はこの灯台の向こう側だ。

　潮流が強い。2時方向から3ノット位。艇速は4.5ノット。これは対水速度である。

　この頃はGPSがない、船底に取り付けた小さなスクリューで速度を測る。対水速度から潮流の速度を引くと正味は1.5ノット。対地速度1.5ノットということだ。時速3キロ弱、人が歩くくらいの速さだ。船首を灯台の灯に向けて走ったが、右前方からの潮で艇速が遅いので東に流された。

　灯台が右へ移動していく。それを追って船首を向けるからコンパス角度の数値がどんどん増える。南から西方向へ移動して行くということだ。4時間余り潮流と向かい合った末、潮流の

影響が少ない水域に入った。島陰に入ったということである。

夜の11時過ぎに神湊港口に着いた。海図で港の形状は調べてある。暗闇の中、陸の蛍光灯の光を目指して入港を試みた。エンジンだけ、デットスローで。全員が目を皿にしてのワッチ。光まで100メートル位の位置で変な感じを察した。港とは違う雰囲気。とっさに180度左旋回して今来た方向へ戻した。100メートル位戻った。

「アンカー用意、様子がおかしい、今夜はここでアンカーリングします、入港は明日」。作業を終えマストトップの灯をともしてキャビンへ。時に11時50分。ここでも、灯台の灯の角度を幾度も確認をしながら知らないうちに眠ってしまった。

翌朝、昨夜進入した方角に眼をやって驚いた。そこは砂浜。砂浜沿いに道路があり街路灯が幾つか灯っている。あの街路灯を目指して島に近づいたわけである。街路灯を岸壁の灯りと間違えたということだ。漁港とは全く違う。雰囲気を察してよかった。目指す神湊漁港は100メートル位北の灯台寄りだった。漁港の隣の砂浜を目指して進入したということだ。「夜には、初めての港に入らないこと」という先輩のアドバイスを守ってよかった。沖待ちをしたのは、シーボニアに続いて2度目になった。

神湊漁港は海から見えない。防波堤の切れ目の正面も岸壁。幅20メートルほどの切れ目から入ってすぐに右へ、そこに幅50メートル奥行き100メートル位の漁港がある。漁協の建物はすぐに解った。艇を漁協前に着けて2階の事務所へ挨拶に行った。一升瓶を持っての挨拶。漁協職員は2階の窓から下の漁船に「そのヨットたのむよー！」の声。親切にしてもらえた。

八丈島には4日間滞在した。宿泊は船内。お風呂は丘の上の大きなホテルの大浴場だった。

着いたその日は艇のチェックと修理をした。マストの付け根に軽い電食を発見。マストはアルミ製、マストステップはステンレス製。マストステップの囲いの中に海水が溜まっての電食と判断したので、マストの付け根を鉄板で補強した。応急処置だった。他に故障らしい所や不具合はない。ロランでの測定もOKだ。

翌日は観光バスで島内めぐり。記念の集合写真も買った。

3日目から海が荒れてきた。西からの強風、15メートル位の風。海面は全面白波。出航の日も風波ともに変わらない。むしろ少し強くなった感じだった。

10時、三宅島目指して出港した。三宅島は御蔵島の向こう。後に火山噴火で有名になった島である。御蔵島の西端に針路を向けた。潮流が強いので西側を目指しても結果は東側を通ることになる。5メートル位の波。15メートル位の西風。左斜め前、10時方向から風波を受けて走った。

セールを最大限に縮めての帆走だった。ストームジブ（荒天用の一番小さい前帆）に3ポイントリーフ（縮帆）したメインセール。これ以上小さくならない。ヒール（傾き）角度は20度位で安定していたが、時折、大波がデッキを洗う。水はきれいで、波頭の向こう側が透けて見える。

八丈島が後ろに遠のき御蔵島が見えてきた頃潮流に乗った。速い、3ノット位。艇は右方向へ流された。御蔵島が左へ移動していく。この状態で一晩中走り続けた。真夜中に御蔵島の灯がアビームに見えた。左側真横に見えたということだ。御蔵島

の東側を通過したという訳。

　翌朝、三宅島の坪田港に着いた。丘の上の漁協に挨拶に行ったら、若い男性職員が「ここは狭いから阿古に廻してくれ」と言う。仕方なく阿古に向かった。

　阿古港はここから1時間位西に走った所。風は弱まってきたがうねりが大きい。前からの風だったのでエンジンだけで走った。岸添いに走った。

　全身ずぶ濡れ。寒い。肌着に救命胴衣だけの姿だった。乾いた衣類は底をついた。坪田に泊まるつもりでいたので、そこで乾かすつもりで着替えしていた。乾いた衣類はもうない。

　阿古港口に着いた。後ろからのうねり、5～6メートル。200メートルほど沖からエンジン全開で入港を試みた。全開にしないと後ろから波をかぶる。幾つかのうねりを乗り越えたが、時折襲う大きなうねりはスターン（船尾）を乗り越えてデッキを洗った。限界を感じはじめた。3度目に洗われた時、入港を断念して坪田に引き返した。

　漁協に行き先ほどの職員を睨みつけた。「阿古に電話したら港表が荒れていて入れないと言うので、伝えに行ったが出た後だった」。私の血相に圧倒された様子だ。無言で漁協を出た。停泊は暗黙の了解ということ。民宿はすぐに確保できた。

　翌朝艇に戻ってびっくりした。床上浸水している。昨日エンジンを廻し過ぎたためだ。スターンチューブからの浸水だった。艇を離れる時に増し締めしておけばよかった。いい体験をした。その後にこの体験は活かされた。サンフランシスコに着いた時には、まず増し締めをした。

　10時、三浦半島の油壺を目指して出港した。海は静か。3

メートルの風、うねり、波ともになし。昨日とは打って変わった静寂。島陰なので、なお静寂。三宅島を左に見ながら北上した。うっとり島を眺めながら、写真を撮りながら北上した。

三宅島

　まずは伊豆大島を目指す。そこで三浦半島へ向けて針路を変える。転針するということだ。

　転針前の夜9時にワッチ（操船・見張り）を交代した。ワッチは2人1組になって4時間ずつ。私と楠田くん、良ちゃんと田村けんちゃん。次のワッチは良ちゃん組。「あの灯台をアビームに見て転針」と告げてキャビンへ入った。あの灯台を真横に見て転針という意味だった。次に執る針路と次に見える灯台の灯質は事前に伝えてある。灯質とは光の色と光り方などのことをいう。大島の灯台はすぐそこ、10時方向で光っていた。

　深い眠りに入っていた時突然起こされた。「赤い灯台が見えます」。デッキに出て確認したら、遥か先の12時方向に赤い灯が見えた。房総半島の野島崎灯台だ。「今来た針路を戻れ！　大島灯台まで戻れ！」と指示した。

　転針するのが早すぎた。大島灯台が真横になる前に針路を変えたので、三浦半島をかすめて房総半島へ向かってしまった。潮流の影響も受けた。

　良ちゃんには厳しく注意した。「アビームに見るというの

は、真横に見るということ、きちっと見ること。ドッグハウスのラインで確認するとか、必要ならベアリングコンパスで見ること」。こうした基本をしっかり教えないと、この先が大変だ。

翌朝5時30分、三浦半島の先端へ着いた。三崎港入口から左に廻り込んで油壺へ入る。油壺の入り口は両側から樹木がうっそうと覆いかぶさり水路を狭く感じさせている。奥は全く見えない。ジャングルに入ったような雰囲気だ。この先、突き当たりを右へ曲がる、曲がるとヨットのマストがたくさん見える。ここには何度も来ている。

油壺では福留氏が桟橋で出迎えてくれた。エンジンベットの点検、マストステップの電食対策などいくつかの作業をした。この夜は船泊まり、ヨットで寝るということ。

夕食後お風呂に入りたくなった。山の上を右に行けば民宿がある。そこでお風呂に入れる。おけらの人たちと行ったことがある。全員で出掛けた。

翌日は、相模湾を横断して稲取(いなとり)港で1泊、稲取に着いたのは夜の11時。漁協前の岸壁で1人の老人が舫(もや)いを取ってくれた。"もやい"とは、艇を繋ぐためのロープのことだ。

老人は「近くで小料理屋をやっている、天然温泉もある」と誘ってくれた。さっそく行った。お風呂に入りたかったからだ。

店に入るなり1,200円出して「これでできるものを」。4人だから1人当たり300円ということ。これで有り金全部だ。交代で入浴する間に日本酒を何本も出してくれた。感謝、感激！ 今でもこの老人の面影をはっきりと覚えている。

稲取の次は下田港に入った。ここに入るのは初めてだ。経験

を積むために入った。川を登って船溜まりに着け、伊藤マリンへ挨拶した。下田では楠田君の知り合いが民宿をしているという。しかし、稲取で有り金を全部はたいてしまって手持ちのお金はもうない。結局、夕食だけいただくことにした。御好意で御馳走になることにした。たくさんの料理に恐縮した。感謝。

　翌朝下田を出て、夜遅く清水に帰って来た。大洋バースの入口で異様な気配を感じて艇を止めた。闇の中で、目の前に真っ黒い壁がある感じがした。そこには500トン位の本船が横たわって入口を塞いでいた。座礁していたということだ。こんな所に本船がいるとは思っていなかっただけに驚いた。本船の後ろを擦り抜けてバースに入り、2度目のテストセーリングは終わった。

　今回の目的は、艇のシェークダウンだけでなくナビゲーションと人間関係のテストだったが、3点とも洗い出すことができた。

ウィンドベーン（自動操舵装置）

　八丈島から帰って3日後に艇を上架した。太平洋横断に向けて最後の整備。大きな修理はなかった。船底塗料の上塗りやマストステップ排水口の拡大などを施した。

　テスト航海や最終上架時期は艇が進水した時点、すなわちこの年の1月中旬に決めてあったが、世界一周への出航日は決めていない。5月中旬から下旬、5月中には出航したいということだけだった。

　6月になると太平洋の真ん中、日付変更線に到達した頃から風が弱くなり航海期間が長くなってしまう。これはパイロット

チャートを幾日も睨んだ結果だ。パイロットチャートとは、水域ごとの風向・風力・潮流を月ごとに表示した海図。大正時代からのデータを集計してある。

　出航準備の中でただ１つ遅れているものがあった。ウィンドベーンが出来てこない。ウィンドベーンとは、風向に対して定めた角度に艇を走らせる装置で、風向が変われば艇の走る方向も変わってしまう。機械的装置で電気は使わない。風向を感知するための板と、その真下の水中に取り付けた進行方向を感知するための板を舵棒に連動させる装置だ。

　１人での航海には欠かせない装置だが２人での航海になった今はあまり必要ない。インド洋から先で１人になった時のための装置である。

　ウィンドベーンは大阪のカトギヨットデザイナーズに発注した。国産初のウィンドベーンだった。

　４月の終わり頃ウィンドベーンが出来た。加藤木さんが取り付けに来た。トランサム（最後尾）に取り付ける。ステンレス製のパイプと平板を組み合わせた重そうなやつだった。

　操作の説明を受け、一緒に２時間ほど走ってテストしたが、この日は微風で成果は得られなかった。

　この時は丈夫そうに見えたが、結果は太平洋に出て最初の時化で壊れてしまった。ステンレス製のワイヤーが切れてしまった。

　この頃から新聞、テレビ、ヨットの月刊誌等の取材が多くなった。世界一周計画が報じられ、励ましてくれる仲間も増えた。

　計画は最終段階になった。艇は完成したが搭載品の手配や寄

第1章　ヨットで遠くまで行きたい

港地での入出国のための手続き、そして外貨の持ち出し申請などに追われた。

　搭載品リストは早くから作ってあったが、食糧品についてはクルーを務める良ちゃんに頼んだ。彼にも何か頼んだ方がよい。彼が作ったものに目を通して修正することにした。日本でしか売っていない食品は4年分積む。

　良ちゃんは浜松の出身。彼の友人が航海計画マップと艇旗を作っ

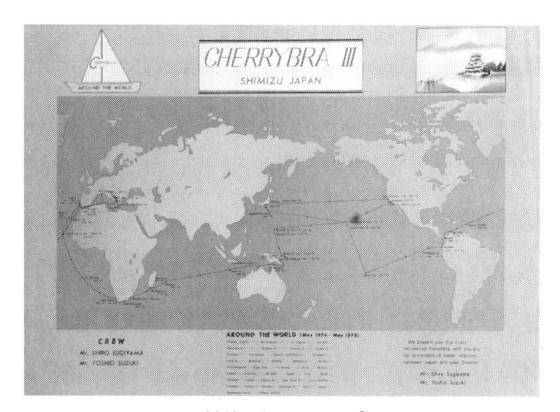

航海計画マップ

艇　旗

てくれるというのでOKした。たくさん作ってくれた。マップには少し違和感を覚えたが細かなことは言えない。しかし、このマップと旗は役に立った。航海計画の説明に使ったり、寄港地で手土産として配ったら喜ばれた。

出航手続き…ビザ

　ビザ取得の手続きは自分でした。旅行会社へ依頼することはしなかった。手続きが煩雑で通常のビザ発給とは訳が違う、自

らが説明する必要があったから自分で手続きすることにした。パスポートを取得した後に大使館へ出向いた。大使館は東京だ。

　交通手段はヨット、入国時期は何ヶ月も先、国によっては3年以上先になる。ビザには発給してからの有効期限があるから今取得してもその国に着く時には期限切れ、ということになってしまう。だから説明が必要だった。航海計画書や船籍証明書、資金計画書、新聞の切り抜きなどを携えての大使館廻りだった。1日で数ヶ国の大使館を廻った。

　最初に行ったアメリカ大使館では、申請書の書き方で解らない部分を入口受付の女性に聞きながら書いた。親切に教えてくれた。職業欄にはプレジデントと記入するように言われた。個人商店の経営者でもプレジデントだと言う。大統領がプレジデントだとは知っていたが、それと同じなので少々変な気持ちになった。

　受付窓口で、ヨットで行くことを告げて有効期間の延長を頼んだ。多くの資料を見せながら説明した。航海計画書から始めて資金計画書まで、必死で説明した。やっとのことで理解してもらった感じだった。

　待つように言われ、そこで待つこと1時間余り。戻って来たパスポートには有効期間4年と手書きした入国許可、大使のサインもしてあった。アメリカには行きにサンフランシスコ、帰りにハワイへ寄る計画。帰りは3年数ヶ月後になるがこれで大丈夫だ。

　南アフリカ大使館では「大使が面会します」と言われ、しばらく廊下で待った。アフリカのビザ有効期限は発給されてから

6ヶ月。チェリブラがアフリカに着くのは1年以上あとのこと。インド洋に面するダーバンと大西洋に面するケープタウンに寄る計画だ。

　結局大使との面会はなかった。それらしい人が我々の前を通っただけだった。会話はしなかった。30分ほどで呼ばれた。パスポートにはスペシャルビザの文字と、その下に3行ほどの手書き文があった。この文の内容を日本人職員に訊ねたら「入国時期の期限はありません、上陸はできますが宿泊は船でして下さい」とのこと。よかった、ほっとした。

　大使館廻りが終わった帰り路に舵社へ寄った。この頃の正式名は株式会社舟艇協会出版部といい、月刊誌『舵』の発行所である。"チェリブラⅢ世"の航海の様子を舵誌へ掲載してほしいと頼んだら、快く引き受けてくれた。舵誌の航海記は随分と参考になったので、今度は私が少しでも役立てばという気持ちからだった。

　後日、原稿を書いて送ったら、出航から帰港までの間を掲載してくれた。1975年の1月号には巻頭グラビア5ページで「チェリブラⅢ　世界周航の旅」として、太平洋横断の様子を掲載してくれた。

出航手続き…外貨

　外貨の持ち出し申請に日本銀行静岡支店へ出向いた。静岡市までは車で30分ほどだ。この頃は清水市と静岡市は別々。合併したのはずっと後のことだった。

　受付カウンターでは若い男性の対応だった。航海計画を説明したが「外貨の持ち出しは1人1,000ドルまで」の一点張り

だった。出国している日数には関係なく、1回につき1人1,000ドルだと言う。

　この頃のレートは1ドル300円前後。4年間の航海で1,000ドルでは到底賄えない。粘って何度も説明したがやはり1人1,000ドルの一点張りだった。仕方なくこの日は帰ってきた。帰り際に「石原さんに頼むしかない…か」と独り言を言った。彼に聞こえるように言った。

　この頃は外貨の持ち出しが厳しかった。オイルショックの後で、国際収支改善策により海外への旅行者の持ち出し金額が制限されていた時期だった。時に1974年（昭和49年）の春のこと。

　1週間ほどして日本銀行から電話が来た。「外貨を必要なだけ持ち出せる手続きをしますから、来店して下さい」。驚いた。喜んだ。独り言が効いたのだろうか。

　翌日さっそく訪ねた。計画書や申請書に加えて、預金残高、国内から送金する人の口座、送金先の口座など10種類ほどの用紙を渡されたので、持ち帰って記入することにした。

　「必要なだけ、いくらでもよい」と言われても、こちらの手持ち資金には限度がある。残りは少ない。

　資金計画書には少し余裕を持たせた金額を記入し、出航当初は当面必要な額を米ドルやトラベラーズチェックに換えて、残額は後日、日本で両替してから旅先へ送ることができるようにした。

　旅先に銀行口座を持っていないからこうするしかなかった。数日後に両替認可書とも言うべき書類を受け取った。銀行でこれを提示すれば両替できるということだった。

資金難

　資金は残り少なくなっていた。
　日本を出るまで、出航するまでは大丈夫だが４年間の航海資金はほとんどない状態だった。それでも搭載品を減らすことはしなかった。満足できる航海をしたかったからだ。ヨットで走っている間はお金がかからない。日本を出ればアメリカまでは大丈夫だ。
　ヨット仲間がわれわれの資金不足に気付いた。フリートキャップテンの岡村欽一氏は奉加帳を作って廻してくれた。
　「我々の仲間である杉山四郎君が、かねてよりの念願である世界一周の夢を実現させるべく、チェリブラⅢ世号を進水させた事は、諸兄も御存知の事と思います。五月中旬に清水港を出発の予定でありますが、未だ艇の整備、航海の準備に多額の費用が必要です。我々協会員皆が抱く夢を四郎君が代表して行ってくれるのです。無事世界一周を成功させる為、精神的にも、経済的にも、出来る限りの応援を致そうではありませんか。皆様の御芳志をお願いいたします。　清水港ヨット協会　NORC駿河湾支部　有志代表岡村欽一」
　51人のヨット仲間がカンパに応じてくれた。清水港ヨット協会会長鈴木要二氏を筆頭に51人、総額48万円だった。他にも、米ドルや品物で応援してくれた人が多数いた。工具や食器、船内時計、書籍、海図、缶詰、チェリーブランデーなど。
　清水ヨットクラブは、これまでに貯めてあった事業収入を全額手渡してくれた。
　"ミミ"号の竹下明氏は、海外で活動している日本漁船に対しての協力要請文を渡してくれた。これにより日本鰹鮪連合会の

全面協力を得られるようになり心強かった。

　鈴木要二氏は、静岡新聞社への資金協力要請にも同行してくれた。そして新聞社から資金協力を得ることができた。不足していた額の4分の1だったが大助かりした。

　新聞社とは、「こちらは取材に協力する、そちらは艇の運航などには口出ししない」という約束をした。取材用フィルムの提供も受けた。

　皆さんに感謝、感謝、感謝。

出航日を決める

　出航する日時を決めた。1974年5月19日、日曜日、正午。この日は「先勝」。仏滅より大安とか先勝の方が良いと思ったからだ。正午出航というのは先勝を意識してのことだった。日曜日にしたのは妻の仕事が休みだから。妻には見送ってほしかったから、この日がベスト。

　この事を資金協力してくれた静岡新聞社に伝えた。

　4月下旬から壮行会が多くなった。ヨット仲間、同業者、親戚、ご近所など多種だった。出航準備に追われていたがすべてに出席した。戴き物が多い。感謝、感謝。

静岡新聞

第1章　ヨットで遠くまで行きたい

積み込み

　搭載品はリストどおりに準備できた。戴き物も極力積んだ。前後左右上下の重量配分を考えながらの積み込み作業だった。水や缶詰などの重量物は喫水線より下へ積んでバラストの役割もさせた。インナーバラストということだ。

　水は300リットル。1人1日2リットル、2人で1日4リットルの計算だ。サンフランシスコまでの太平洋横断は60日間の予定だが予備も含めて300リットル。20リットルのポリタンクに15個。小分けにしたのはマーメイドの堀江さんの教訓からだった。タンクの破損や腐った時の被害を最小限にするためだ。

　水をタンクに注入する時には細心の注意をはらった。タンク内に空気が残らないようにしっかりとエアー抜きした。結果として、水が腐ることはなかった。量も充分だった。小分けにしたタンクは、コックピットの床下中央に片舷7個ずつ両舷で14個を固定した。艇後部の左右中心点に280キロ積んだということ。残りの1個は当面使用する分としてシンクの下へ収納した。ここから電動水中ポンプでシンク上の蛇口へ汲み上げる仕組みである。

　電動水中ポンプは自動車のウィンドウォッシャー用のものを使った。車用だから12ボルトで作動する。これをポリタンクの中に沈めた。この水中ポンプは廃車部品店から1個30円で3個買った。使うのは1個だがあとは予備。しかし、この部品は薦められない。すぐに壊れた。連続汲み上げに耐えられなかった。長く作動させると壊れる。使用目的が違うから無理もないことだ。自動車のウィンドウォッシャーは作動させる時間が短い、5秒から長くても10秒位だから。

汲み上げスイッチは連続汲み上げ用と、押している間だけ汲み上げるものの2種類を取り付けた。ちょっとした工夫がとても重宝した。接触不良を起こさないように接点はしっかりとハンダ付けした。電気の配線には慣れているから艇内すべての配線を自分で施した。アマチュア無線での経験が役立っていた。
　缶詰は37種835個用意した。惣菜・魚類・ご飯・ジュース・フルーツなどだ。重量物なので中央の通路床下と両舷のバース下のコンテナへ収納した。すべて喫水より下、海面の高さより下ということ。切り口の蝋付けはしなかった。腐食して缶に穴が開くことを防ぐためには切り口を蝋付けするとよい、と本で読んだが蝋付けはしなかった。多量の缶詰を1個ずつ蝋付けする気になれなかった。結果としてこれが悪かった。アメリカのストックトンで上架した時には、床下の缶詰は真っ赤に錆びて腐食し、中の水分が抜けてカラカラになっていた。大失敗だった。

出航日まであと3日

　手続きは当日分を残すだけになった。海上保安部への説明、出航当日に手続きする税関、検疫、出入国管理局との事前打ち合わせも済んだ。
　海上保安部へは、これまでに幾度も出向いて説明した。そして、たくさんのアドバイスをいただいた。連絡は密にしていた。担当してくれた渡辺氏には感謝している。
　搭載品はリストどおりに積み込んだというより、かなりオーバーした。戴き物を積んだのでかなりオーバーになった。戴き物の中でも、海水を真水に変える薬剤と、水を冷却する薬剤は

心強かった。鰹節は闇夜でのワッチ時にかじった。総合ビタミン剤は出航当日から服用した。これらはリストにはなかったもの。感謝、感謝。

免税品の注文もした。注文したのはタバコ100箱のみ。ハイライトを100箱。19日の出航日10時に届けてもらうことにした。タバコは2人で1日1箱の計算だ。これ以外にパイプ煙草も持って行くので大丈夫のはず。タバコが切れても艇は走る。あくまでも嗜好品。

夜、妻の縁者6～7人が自宅に来た。「行かないでほしい」と繰り返し言ったが、「心配掛けてごめんね、行かせてやって」という妻の言葉で「征己(ゆきこ)がそういうなら仕方ない」と納得した。

出航前日

準備はできた。艇、搭載品、資料、手続き、予定したものはすべて終わった。

昼前、清水港ヨット協会会長の鈴木要二氏からの連絡を受けて鈴木氏の会社を訪ねた。

鈴与株式会社、1801年に廻船問屋として創業した歴史ある会社。この地域一番の会社だ。大洋バースとは道路一本隔てただけの所。鈴木要二氏はここの副社長である。

「準備は整いましたか？」航海資金は大丈夫ですか？　という意味も含まれていると察した。鈴木氏には資金援助のために新聞社へ出向いていただいていた。新聞社からは援助していただいたが必要額の4分の1、まだ足りないということは御承知だ。

「整いました」…資金のお願いはしなかった。

そして明日の出航には所用のために見送りに出られない旨を伝えられた。鈴木要二会長には大変お世話になった。正面からも側面からも。言葉では言い表せない助力をいただいた。感謝、感謝。深々と一礼した。帰り路、同席したクルーの鈴木君が「お金のお願い、しなかったですね」。「うん」と答えただけ。

昼過ぎ、神戸から"黒潮丸"の永田敏明さんが来て下さった。奥さまと長男の翔ちゃんも一緒。また大阪からは"ひねもす"の林宏さんが来て下さった。

永田さんから最後のアドバイスを受けた。「ストックアンカーを内側に移した方が良い。縛ってあるロープが切れた時、手前に落ちる」。ストックアンカーは幅1メートル。アンカーウェルに納まらないので、ストック部分を抜き取って、ばらした状態で左舷船尾のパルピット（手すり）の外側に縛りつけてある。外側にするか内側にするかは一長一短だった。内側にした場合は突起物になってしまう。結局移動しなかった。永田さん、ごめんなさい。

アンカーは4本積んだ。ダンホースタイプ3本と、ストックタイプ1本。大小さまざま。場面に合わせて使い分けるつもりだ。

積み込みは終わった。あとは明日の朝に焼いた食パンと免税品のタバコだけ。食パンは富士屋製パン（後にシャモンと改名）を営む伊藤政明さんが、1日でも長持ちするようにと出航日の朝に焼いたものを1本差し入れてくれる。伊藤さんからはポーランド製の手動ドリルとロブスター社製のリベッターもいただいてある。航海中は電動工具が使えないので手動にした。

来客が多い、戴き物も多い。気が付くと岸壁から20人ほどの人が見つめていた。夕刻には船内の整理も大かた済んだ。今夜は窪ちゃんと良ちゃんの友人が艇に泊まり込んでくれる。

　暗くなり始めた頃家路についた。途中、駅前の竹屋別館に立ち寄った。永田さんと林さんが宿泊している。永田さんの部屋に行って丁寧に礼を述べた。林さんとは玄関で話した。

　出航前最後の夕食は口数が少なかった。艇や家族へのことは準備万端整っていたし、明日の打ち合わせも済んでいた。8時頃無線室に行きアマチュア無線の灯を入れた。ラストコンタクトだ。ヨット仲間がワッチ（傍受）しているVHF帯145.20でラストコールした。いつもの仲間5局位と交信した。ショートコンタクトだった。お世話になった皆さんへの挨拶だった。出航後はHF帯21メガで交信するので、皆さんとはしばらくお別れ。

　家には3日前から富士のおばあちゃんが泊まり込みで来てくれている。家事や、次男を保育所へ送ったり、迎えに行ったり、妻のサポートをしてくれている。大助かり。

　富士のおばあちゃんとは妻の祖母、赤池あさのさんのこと。富士といっても富士宮に近い場所、岳南鉄道と東海道線を乗り継いで2時間以上かかる。感謝、感謝。

　出航を明日に控えて、今までのことが走馬灯のように思い出された。10年前の正月、ヨットで外洋を思い切り走ってみたい、30歳になったら太平洋を渡ってアメリカへ行ってみたいという夢を抱いた。それからの6年間は資金を稼いだ。勤めを辞めて牛乳販売店を創業し、朝3時から妻と一緒に働いた。人の倍働いて3倍稼いだ。

「人並のことをしていては人並にしかならない、人以上になるには、人以上のことをしなければ」。これが父の教えだった。

具体的な計画を練り、外洋帆走用のヨットを探し、技術の習得を始めたのは4年前の夏から。

納得のいくヨットが見つからず自作を決意したのが1年前。長さ9メートル、幅2.96メートル、深さ1.65メートル、船体はFRP、マストはアルミニウム、船内はチーク。

1人の予定が2人に変わった。一緒に世界一周することになった辺さんは3ヶ月間泊まり込みで作業してくれた。

納得のいく艇が出来上がり進水したのは1月19日。建造期間7ヶ月。辺さんが一緒に行かないことになり、また1人での航海に計画変更。間もなく鈴木良雄君からの同乗要請。またまた2人になった。

清水港ヨット協会を軸とした多くの人たちが協力してくれた。そのお陰で今日を迎えることができた。

心の整理はついている。この航海は冒険でも記録を狙っているものでもない。長い間の念願を達成し、自分自身が満足して悔いのない人生を創ること。太平洋を、世界を何周廻ろうとも、自分が満足しなければ意味がない。今までに随分多くの方々の協力を得た。その好意に報いるのは自分自身が納得する航海をして、悔いのない人生を創ることだ。

この計画を遂行するためには随分多くの苦労もした。肉体的に精神的にそして経済的にも。しかし自分の計画を成し遂げるための苦労なら有意義のはず。やりたいことをやるために努力し苦労することが間違っているとは思わない。努力もしないで初めから諦める人よりはよっぽどましだろう。

5月19日（日）出航…サンフランシスコめざして

　とうとうやってきた出航の朝。早朝から大勢の人が自宅に来た。ご近所や親戚の人たちからの祝福だった。最後の朝食は赤飯に尾頭付きの鯛。おばあちゃんの心遣いに心の中で手を合わせた。妻と2人の子供は一足先に家を出た。富士から来た親戚の人たちと一緒にヨットハーバーへ向かった。私は良ちゃんの車でヨットハーバーへ。ハーバーへ向かう途中、実家へ寄って父母に挨拶した。母はだまって涙を拭いた。

　9時、"チェリブラⅢ世"に乗船。艇には昨夜から窪ちゃんと良ちゃんの友人が泊まってくれている。窪ちゃんからの報告を聞きながら最後の点検をした。

　9時10分、大洋バースの浮き桟橋に移動。ここでも戴き物がたくさん。出航は清水海上保安部の桟橋からだ。

　9時45分、100メートルほど離れた清水海上保安部の浮き桟橋へ移動。右舷着け。

　10時からは出国手続きをした。手続きはスムーズに済んだ。税関、入国管理局は目の前のビルだから。手続きを済ませチェリブラⅢ世に戻って来て驚いた。艇の左舷に、見送ってくれるヨット、伴走してくれるヨットがずらりと横付けして舳先（へさき）を並べていた。対岸にもびっしり、その数50隻位だろうか。清水にあるほとんどのヨットだろう。聞いていなかったので驚いた。

　11時から壮行会を催してくれるという。これらはフリートキャップテン岡村欽一氏の配慮だと気付いた。

　免税品のタバコと伊藤さんからの食パンは予定どおり届いた。タバコの支払いを済ませたら、もう日本円の必要はなくなった。帰国した時の分は別に保管してあるので手持ちの現金

は全部使っても大丈夫だった。

　兄に頼んだ。「このお金で8ミリカメラとフィルムを買って来て」。兄はカメラに詳しい。渡したお金は3万数千円だった。8ミリカメラは中古品だったがフィルムは10本ほどあった。大助かりした。

　静止画はニコノスで、動画はこの8ミリカメラで撮ることになる。ニコノスはニコン社製の水陸両用カメラ。焦点深度が深いので使いやすい。

　来客がひっきりなし。いろいろの人が手を握り励ましてくれた。戴き物もたくさん。

　花束はデッキに置いた。その数は20束を超えた。初めのうちはキャビンの中に入れたが次々に来るのでデッキに並べた。

　気付いた時、陸上は人、人、人。報道によれば見送りの人が1000人近く。伴走して見送ってくれたヨットは60隻。

　壮行会では大勢の人から祝福の言葉をいただいた。清水海洋少年団からも花束を贈呈され、スルガマリンからの花束はクルーの良ちゃんが受け取った。

　答礼の挨拶では「皆さんのご支援により今日を迎えることができました。思い切り帆走して来ます。世界一周したから成功だとか、途中から引き返したから失敗だとか、ということは思っていません。思い切り帆走して納得した人生を創ります。ありがとうございました」。

　実感が薄かった。八丈島へでも行く程度の気分だった。

　壮行会や記念撮影の合間を縫って母や友人とも別れの挨拶をした。妻が艇に乗船して来た。最後の会話「家のこと頼むよ」。「心配しなくていいよ、気をつけてね。無事に帰って来てね」。

第1章　ヨットで遠くまで行きたい

　交わした言葉は少なかった。これまでに充分話し合っていたから、練れるだけの計画は練っていたから最後の会話は少なかった。でも、妻の目が潤んでいるように思えた。

妻と出発前最後の会話

　舳先を並べていたヨットが次々と離れて行った。桟橋にはチェリブラだけになった。急に静かになった。

　時に11時50分。

　エンジンをかけ、揚げてあったP旗（本船はまもなく出港しようとしている）を降ろして「出航用意」の呼称。見送りのための観光船が出るという放送が聞こえた。静岡観光汽船の配慮。伴走してくれるヨットには5〜10人が乗り、観光船にも200人位乗っている様子、鈴なりだった。

　皆出てしまったので最後の舫いを解いてくれる人がいなくなった。それに気付いた人が桟橋に駆け寄って来てロープを解いてくれた。誰だか判らないが慣れた人だった。

　11時55分、霧笛1発、長音1発、ボーッと鳴らした。激励の歓声に手を振った。心の奥で少しだけ淋しさを感じた一瞬だった。

第2章
チェリブラⅢ世航海日誌

これ以降の記述は航海日誌に基づく。航海日誌の原文は、書体を変えて記載する。

1日目 1974年5月19日（日）　南の風　風力3　快晴
オミオクリ　アリガトウ　サヨウナラ　サヨウナラ

　とうとうやって来た出航の朝。心配した雨は降らず、低気圧は停滞気味。

　実感がうすかった。八丈島へでも行く気分だった。家族との別れには充分の時間を費やした。

　キャビンの中は贈り物でゴッタゴタ。こんなにもらえるのなら買い控えればよかった。見送り盛大、びっくりした。

　チェリブラⅡ世で見送りに来た妻が涙をこらえていた。子供は「おみやげかってきてー」。

　桟橋を離れ、三保真崎灯台を目指した。エンジン快調、3.5ノット、出力50パーセント位。周りは伴走艇でごった返していた。

　三保内海でセールを揚げた。フルメインに No.2 ゼノア、2番目に大きいセールを揚げたということである。

　セールアップのために艇を風上に向けた時、すぐ右を伴走してくれていた海上保安部の巡視艇に近づき過ぎた。巡視艇を驚かせてしまった。

　三保真崎灯台を過ぎた所でエンジンを止め、セールだけでの走りになった。右横からの風、3時方向から風を受けて走り出した。少しバウヘビー、船首が重い。積載し過ぎ。戴き物で重量がかさんでいる。

　「杉山さーん」という窪ちゃんの声で振り向くと、いつの間にか"チェリブラⅡ世"が右舷にぴったり付いていた。チェリブラⅡ世とⅢ世が並んで走っていた。右舷に背中を向ける姿勢

バウヘビー：船首が重い

で舵を持っていたので呼ばれるまで気付かなかった。Ⅱ世には妻と2人の子供が乗っていた。窪ちゃん、良知さん、辺さん、山ちゃん、楠田君も乗っていた。嬉しかった。ちぎれんばかりに手を振った。子供は「お土産買って来てー！」と言っている。

　後方から観光船が近づいて来た。7時方向50メートル位から激励のアナウンスをしてくれた。手を振ると、鈴なりのデッキから歓声が聞こえた。

　ティラー（舵）をクルーの良ちゃんに頼んで、キャビンから手旗を持って来た。観光船に向かって発信信号を送った。ほどなく、観光船からの受信信号を確認したので「オミオクリ　アリガトウ　サヨウナラ　サヨウナラ」と送信した。観光船からは了解信号。後に、この手旗信号を受信してくれたのは神戸の永田さんだったことを知った。別れを実感した一瞬だった。

　三保の清水灯台を過ぎた所で転針した。まずは波勝崎、石廊

第2章　チェリブラⅢ世航海日誌

チェリブラⅡ世：家族が乗っている

崎を越えて駿河湾から出る、そして太平洋へ。波勝崎までは5〜6時間だ。

　スターボーのクロスホールド（右側から風を受けて、風の来る方向に向かう）帆走になった。スピードがぐんぐん増した。コンパス角度150、速度5ノット。

　見送りのヨットが次々と後方に消えていくなか、左舷から"トリオマラン"が近づいて来た。20人位乗っている。フリートキャップテンの岡村欽一氏、欽ちゃんの艇だった。とてもお世話になった。手を振り合って別れた。これが最後の見送りのヨット。

　静かになった。いよいよ太平洋横断の始まり。ログメーターを0に戻し、ワッチモードに入った。舵とりをクルーの良ちゃんに交代した。ワッチ（操船）は4時間交代。4時間操船したら4時間自由時間ということ。

　時に14時。

手旗信号で答礼：オミオクリ アリガトウ サヨウナラ サヨウナラ

左：チェリブラⅢ世　右：岡村氏のトリオマラン

2日目　5月20日（月）　南西の風　風力2　快晴
太平洋へ出た

　前日大勢の人に見送られて世界周航の途に就いた。昨夜はこれまでのことが走馬灯のように頭の中を駆け巡った。
　夜半に太平洋へ出た。3時、神子元島通過。静かな海。神子元島の東、伊豆大島の西を縫って北上を開始した。北緯40度まで北上する計画だ。
　東京湾を左に見ながら房総半島先端の野島崎灯台を通過した。朝方は静かな海だったが昼過ぎから徐々に風波が強くなってきた。
　15時20分頃、10時方向から漁船が近づいて来た。距離100メートル位まで近づいて来た。漁船は左舷から来て船尾を通過するかたちで微速前進していた。人影は見えない。北洋を走る船型だ。汚れていた。一瞬、ソ連船に拿捕されるのかと緊張した。こちらの船尾には日の丸を掲げてある。右舷には星条旗を掲げてある。こちらは日本の船、目的地はアメリカということ。日の丸は80センチ、星条旗は30センチほどの大きさ。確認できるはずだ。大丈夫だった。拿捕されるほど北上していない。通信はしなかった。
　17時30分、西南西の風、風力4、気圧1020、曇り、針路60度。
　22時、西南西の風、風力6、気圧1015、曇り、針路70度。
　朝は風力2、気圧1025だった。気圧が急降下している。15時間で10。海が荒れ出すということだ。
　17時30分、ウィンドベーン（自動操舵装置）をセットしたが調子が良くない。30分後にはリセット、上部ウィングだけ外し

て水中ウィングは付けたまま。
　22時、縮帆、メインセール（主帆）を1ポイント、ジブセール（前帆）はレギュラー2に交換した。後ろから風を受けて走る態勢になった。うねりが大きくなってきた。

3日目　5月21日（火）　南西の風　風力7　雨
初めての時化・横倒し

　北緯35度55分　東経142度20分
　06:00、風力7、うねり大。
　12:00、風力8、時々コックピット満水。
　18:00、風力9、操船可なれど疲労大のため、今夜は漂泊して2人とも寝る。ローリング大。

　海はますます荒れてきた。波が大きい、7メートル位。風は南西から南へと振れてきた。位置は千葉県銚子の東方、三陸沖に差し掛かった所。大きな波が生じることで知られている海域だ。
　12時、南の風、風力8、気圧1007、雨、針路70度、波10メートル。
　セールは縮帆してある。メインセールを3ポイントリーフし、ジブセールは降ろした。一番小さくしたメインセール1枚だけでの帆走だ。真後ろから風を受ける態勢にして帆走した。それでも時折コックピットが満水になった。波が後ろから来て艇を呑み込む。
　1時間後には風波ともますます強まった。波に呑まれるとコックピットは風呂桶になる。横向きになった艇を立て直して、

後方から来る次の巨大な波を真後ろから受けるように針路を合わせる。艇は次の波に持ち上げられてサーフィン状態で滑走する。波の上部は渦巻いて白い波抹（波がくだけて散る）状態。コックピットの排水が終わる頃、艇はこの波の上部まで持ち上げられてまた呑み込まれる。風呂桶、横向き、サーフィング、そして、また風呂桶。これの繰り返し。3〜4分周期での繰り返しだった。

　外洋では時折、桁外れに大きい波が来るが、この時はすべてが桁外れの大きさだった。波はヨットのマストより高く、電信柱を見上げる感じだった。

　デッキに置いてあるものはすべて縛りつけてあったが、それでも流されたものがある。ある時はコックピットのベンチの下に組み込んでおいたコンパスが、テーブルごとはずれて飛び上がり、3メートルほど先のライフライン（外周の手すり）に縦になって引っ掛かっていた。この時は慌てた。波の合間をみて舵をロープで縛って固定し、夢中で回収した。

　コンパスは直径25センチ、コンパステーブルは長さ80センチ、幅40センチ。ベンチの下に組み込んである。ベンチには自分が座って舵を持っていたのだから自分も飛び上がったということだった。

　14時、ワッチを良ちゃんに交代して船内へ入った。中はもみくちゃ。激流に流される木の葉のよう。神棚からお札をつかみ出して怒鳴った。「どうなっているんだ！　しっかりしろ！　しっかりしろ！」。艇をしっかり守ってくれ、海を静めてくれ、という気持ちからのとっさの行動だった。気が狂った訳ではない。

　18時、南の風、風力9、気圧1005、雨、針路70度、波10メー

トル。

　漂泊することにした。風は少し弱くなった感じだが、これから暗くなるので危険度が増す。明るいうちに作業するのが得策。漂泊して海が静まるのを待つ。

　セールを降ろしバウ（船首）からシーアンカー（水中パラシュート）を投入した。アンカーロープは太さ20ミリ、長さ100メートル。

　こうして艇を漂流させると大波を100メートル先で感知する。その時シーアンカーにかかる抵抗で艇は風上に向かい、真横から大波を受けることを防いで、艇が横転する危険を減らす。これは海中にパラシュートを開かせて艇が流される速度を減らす方法。風で艇が流される速度と、海の水が流れる速度の差を活用した航法だ。

　シーアンカーを使うのは初めて。本を読んでの知識だけ。日本のヨットマンで経験がある人はほとんどいないはずだ。

　作業は手際よくできた。帆走している時は１人だけだがセール交換やこうした作業をする時は２人。ワッチ交代の時に行う。シーアンカーを投入しデッキ上を点検、ティラーを固定してドッグハウス（キャビン）に入った。

　一口飲もうとやっとの思いでウィスキーを注いだグラスがすっ飛ばされた。左手から右上空へすっ飛んだ。次の瞬間、艇が横倒しになった。右に傾いた。90度を超えた辺りで「やばい、このまま行ってしまうのか」。このまま転覆してしまうのかという思いが頭をよぎった。バースから起き上がろうとしていたクルーと目が合った。彼も同じ気持ちだと察した。一瞬の静寂。120度辺りで傾きが止まった。そして起き上がり始めた。ほっ

とした。

　復元力を増やしておいてよかった。バラストを100キロ増やしマストを1メートル短くしておいてよかった。フォームスタビリティーを増やしておいてよかった。子供を連れてこなくてよかった。子供では耐えられない。

　ヨットは傾いても起き上がる。だるまさんの原理。下部の重りを多くすれば起き上がりも良くなる。理屈は簡単だが、やみくもに重くさえすれば良い訳ではない。積載能力、フリーボートの高さ（海面からデッキまでの高さ）、航行能力等に影響する。船型と艇の使用目的に合わせて慎重に割り出す。

　チェリブラのバラストは1260キロ。下部は砲弾型。取り付けヒンジ幅50センチ。復元力に自信がついた。120度位までなら大丈夫だろうという計算が実証された。

　120度といってもマストが海中に潜るわけではない。キャビンが水没するわけでもない。こうした海況で実際には、うねりや大波で海面が斜めになっているから120度位では大丈夫。これ以上になると危ない。全航海中、転覆する危険を感じたのはこの時の一度だけだった。

時　化

4日目 5月22日（水） 南の風　風力6　雨
　　　　漂泊

北緯36度29分　東経144度40分

　10:00、神戸の永田さんと無線交信。今朝の位置を知らせる。永田さん大変心配してくれた。

　13:00、船酔いで食欲出ず。2人ともグロッキー。バースから起き上がるのがつらい。もう一晩漂泊を決め込む。

　17:00、食欲出てくる。チーズ、パン、キャラメル、夏みかんがうまい。明日は好天になりそう。ローリング大。

　昨夜はバタンキューだった。ローリングもピッチングも何も覚えていない。艇が起き上がって、転覆の危険がなくなってから後のことは覚えていない。バースで両肘と両膝で踏ん張っているうちに眠ってしまった。

　バースを四角にできるように作っておいてよかった。差し板をはめれば四角、使う時だけ四角になる。棺桶型だが両肘と両膝で踏ん張れる。天井材の内側にスポンジを張り詰めておいてよかった。寝ていて飛び上がり、天井に顔をぶつけるが怪我はしない。

5日目 5月23日（木） 北の風　風力2　曇り
　　　　戻りませんか？

北緯36度15分　東経145度35分

　シーアンカーの20ミリロープがビットの所から切れる。シーアンカー流失。

　久々に穏やか。濡れたものをライフラインへ干す。腐ったものレッ

コ。気分良し。
　ウィンドベーン大破、修理不能、先が思いやられる。

　「レッコ」とは「レッツゴー」の略で、捨てるという意味に使う。
　朝、海は治まっていた。うねりは残っているが風は弱い。さっそく現在地を確認してチャート（海図）に書き込む。東南東へ流された。サンフランシスコの方向へ流されたので得した気分。
　6時15分、シーアンカーを揚げようとバウへ行き、アンカーロープを引っ張ったら尻もちをつきそうになった。力を込めて引っ張ったらストンと引けた。握った手から60センチ位の所でロープが切れていた。シーアンカーとロープ100メートルを流失してしまった。
　アンカーロープは5本積んで来たが100メートルのものは2本だけ。残り3本は50メートル。
　シーアンカーは2組積んである。直径90センチと60センチの2種。今回流失したのは大きい方。これは海員学校からもらい受けた救命ボートに積んであったもの。これを真似て、ひとまわり小さく作ったのが直径60センチのシーアンカー。
　ステンレス製パイプで環を造り、それに吹流し状にした厚手のキャンバスを巻いた。吹流しの長さは90センチ、尻尾の開口部は10センチ、ここにもステンレス製の環を付けた。簡単にできた。
　正直なところシーアンカーの適正な大きさが解らなかった。船の長さ・重量に対してどのくらいの大きさにすれば良いのか解らなかった。どの本にも書いてなかった。

チェリブラは長さ9メートル、幅2.96メートル、深さ1.65メートルで重量は3.9トン位。出航時の正確な重量は解らない。積荷が予定より増えている。
　シーアンカーが大き過ぎたのかロープが細過ぎたのか原因ははっきりしない。海員学校からもらい受けた救命ボートは長さ9メートルだったが重量ははるかに軽い。言えることは、海が荒れ過ぎたということだけ。
　ロープが手元で切れていた時は驚いたが、その後はあまり気に掛けなかった。次の作業が山積みだったから。
　7時40分、本船と行き合う。大きな船、本格的な船のことを本船と呼んでいる。
　「TERRYLIN MONROVIA」の文字を確認。交信はしなかった。微速前進で左舷を通って行った。日本へ向かっているのだろうか。
　作業がひと段落した時、クルーの良ちゃんが神妙な顔つきで話しかけてきた。
　「日本を出て間もないのに、こんなにひどいです。戻りませんか？」。日本へ引き返しませんか？　という意味だった。これくらいのことで日本へ引き返すなんて考えてもいなかったので驚いた。説得した。「ここから日本へ引き返すのは大変だよ。サンフランシスコへ行くのと同じくらい大変だ。日本近海から離れればあまり時化ない。初めの1週間が一番大変なんだよ。行くのも引き返すのも同じなら行った方が良いだろう？」。
　彼は納得した。このまま行く、航海を続けるということで納得した。彼がこうしたことを口にしたのはこの時だけ。この一度だけだった。

海やヨットについての知識は乏しいが話せば解る。教えれば呑み込みは早い。立教大学でヨットをやっていたということだったが、無理もないこと。大学ではディンギー主体でクルーザーには乗らなかったのだろうから。

クルーの鈴木良雄氏

　その後も知識がないがための発言は何度かあったが、その都度説明して納得させた。クルーのことを言うつもりはない、彼に同乗を許可したのは私だから。

6日目　5月24日（金）　北東の風　風力2　曇り
　　　食欲大

北緯36度00分　東経147度10分
　10:00、久しぶりに薄日が差し込む。生きた心地する。食欲大。
　10:30、JH3LVX局、神戸の永田さんと無線交信。

　昨夜はティラー（舵棒）を全く持たなかった。ティラーを縛って2人とも寝たということ。10時方向からの風だったのでティラーを固定した。
　メインセールとジブセールのバランスをしっかり取れば、艇はまっすぐ走る。バランスとはセール面積とともにセールの出し具合、引き具合のこと。ティラーは真ん中に固定したままで

OK。保針性が良い。スケグ（海中の舵の前の垂直部分）が効果を発揮している。

7日目　5月25日（土）　北北東の風　風力4　晴れ
　　　家族の声を聞く

北緯36度58分　　東経148度30分

　08：00、弟とQSO。16：00にXがオンエアーとのこと。16：00が楽しみ。

　16：00、弟・XとQSO。子供の声も聞く。家の方は大丈夫、心配ないとのこと。安心。

　明日10：00～11：00、良ちゃんの家族が弟の家に来るとのこと、良ちゃん、ワクワクソワソワ明日が楽しみ。

　久々の快晴、風速6～7メートル、コンパス角度70度、艇速5ノット。針路も艇速も申し分がない。快調に走っている。気分良し。

　朝、弟と無線交信した。無線用語でQSOとは無線交信、Xとは妻のことをいう。16時に妻が無線に出るということだ。出港以来初めてのこと。妻も無線免許を取っておいてよかった。

　日本における無線基地局は弟と神戸の永田さん。交信に使う周波数帯は21.420メガヘルツ。この周波数は、日本から世界の海を目指すヨットマンが使っている。永田さんの好意でチェリブラも仲間入りさせていただいた。マーメイドの堀江さんも、ひねもすの林さんもこの周波数を使っていた。今外洋に出ているのはチェリブラだけ。永田さんを中心にしたアマチュア無線のネットワークが全国に広がっている。

21メガ帯は地球の裏側からでも大丈夫だが波長の関係からスキップする場所が出てしまう。しかし全国ネットワークなら安心だ。地球の裏側からでも大丈夫だとはいっても、太陽がヨットと日本の中間点にある時が一番良い。今はアメリカへ向かっているので、日本は朝、ヨットは夜中ということになる。しかしヨットが移動していくので正確な時間は刻々と変わる。でも、あまり気にしなくても大丈夫だ。

　チェリブラのアンテナは2種。マストの頂点から船尾に張ったバーチカルアンテナと船尾に取り付けたホイップアンテナ。普段はバーチカルアンテナに接続してある。感度良好。無線機は八重洲のFT101。100ワット機だが日本を離れれば問題ないと判断した。全世界海域で使える免許状を持っている。免許は電話級と電信級。音声に加えてモールス信号も使える。電信級の実技試験では英文を選択して取得したが、もっぱら使っているのは声だけ。日本語だけだ。

　16時、弟および妻と交信した。2人の子供の声も聞いた。感激。家の方は大丈夫だから心配ないというので安心した。2人の子供は妻の横からちょっと声を出しただけだったが嬉しかった。明日、良ちゃんの家族が弟の家に来るというので良ちゃん大喜び。家族の声が聞ける。弟が我が家の無線設備を自宅の居間に移してくれたという。出航する時は別棟の無線室に据えてあったが居間からなら手軽にオンエアーできる。ありがとう！

　弟の家と我が家の距離は車で10分位。実家の製餡業を継いでいる。あんこの製造販売をしている。羽振りが良い。

8日目　5月26日（日）　北東の風　風力1　晴れ
身体が慣れてきた

北緯37度42分　東経150度20分

　ホットケーキの朝食。

　昨日よく走ったので今朝のポジションが楽しみだったが、思ったほど走らずがっかり。120マイル。

　海は静か、うねりもない。気分良し。

　ホットケーキを焼いたのは初めて。簡単にできる。水は少量でOK。粉末のホットケーキの素をたくさん積んで来た。これを水で溶いてフライパンで焼いた。上に蜂蜜を垂らして出来上がり。とても簡単だ。バターは積んでいない、冷蔵庫がないから。それでもとても美味しかった。蜂蜜の甘さが身にしみた。

　食事は毎日4食。米を炊くのは朝と夕。お昼と夜食は朝夕に炊いたのを食べる。この頃の副食は缶詰を1個ずつ。いろいろ作るようになったのは後のこと。コーヒーは1日5〜6杯。夜中も交代で起きているから量が増える。コーヒーとタバコの量は制限していないが、水は1日2人で4リットルに抑えたい。これまでのペースだと1日2人で2リットル。もう少し消費しても大丈夫だ。

　身体が慣れてきた。ヨットでの生活に馴染んできた感じ。少し余裕ができてきた。

　ヨットのポジション（現在位置）は毎朝6時に割り出す。ロランで計測してチャートに書き込む。今朝の位置は東経150度20分。150度を超えた。日本近海を離れた。昨日の帆走距離は120マイル、222キロ。平均5ノットで走ったということだ。

毎日この調子なら、あと50日位で着く計算。サンフランシスコまで直線で走れば40日位。だが、ヨットは風向きによっては針路が変わる。前から風を受けている時は斜めに走る。北北東に走ったり南南東に走ったりする。いわゆるジグザグに走る。そして、時化で走れない日もある、だから日数が増える。

　朝方静かだった海も徐々に風が強くなってきた。18時には東の風、風力5、曇り、コンパス角度20度。

9日目　5月27日（月）　東の風　風力5　雨
2度目の時化

北緯38度22分　東経152度05分

　クロスなのでティラーをセットしたまま2人ともドッグハウスへ。

　18:00、セール交換のためピットに出てみると、No.2ゼノアがずたずたに破れて上半分が流失していた。メインも4ヶ所破れた。バテンは全部流失。マストの電食が進行中。気にかかる。

　18:30、セールダウン、漂泊に入る。18ミリパイレン100メートルの先にタイヤ2個、スターンより流す。

　クロスとは前から風を受けて走ることで、クロスホールドを略した言い方だ。アビームとは横から風を受けて走ること。後ろからの時はランニングとかフリーという。

　4日間舵を縛ったままで走った。今日は2人とも船内にいた。

　船内からチェックできるのはコックピット付近だけだから、キャビンの中から艇の後方だけしかチェックしていなかったということだ。前方と上方はチェックしていなかった。窓からはジブセールの下辺しか見えない。針路は船内コンパスで確認で

きるから外に出る必要がなかった。風は強かったが快調に走っているものと思っていた。横着し過ぎた。大失敗。

　前回の漂泊でロープ100メートルとともにシーアンカーも流失したが、ロープが切れた原因が解った。ロープを通す場所を間違えていたので、ロープが船首の金具と擦れて切れたのだった。ロープを通すため、リードするための金具をチョックという。チョックは艇の前後左右の4ヶ所に設けてある。

　船首のものはバウチョック、船尾のものはスターンチョックといい、左側からロープを取る時は左のチョックを通してから縛る。右側からの時は右を使う。だが、あの時は逆になっていた。シーアンカーは左側にあったがチョックは右側を通してあった。そのために、ロープが右から左へと船首を迂回したのでステムと擦れた。ステムは10ミリ厚のステンレス板で補強してあるから、これと擦れたらひとたまりもない。

　今度はスターン（船尾）から流してみた。シーアンカー代わりにタイヤを付けた。直径40センチほどのスクーター用のタイヤ。フェンダー（防舷材）代わりにでもと思って積んでおいた。これを2個付けた。スターンにはクリートの他にもウィンチを4個設けてあるので強度は充分だ。

　シーアンカーをスターンから流すと艇はスターンを風上に向ける。後ろから風波を受ける態勢になる。時に、東の風、風力6、雨。前回の時化に比べれば半分以下の荒れ方だった。

　作業を終えてしばらく様子を見た。大丈夫だ。バウヘビー気味なのでスターンの方が浮力がある。大波が来ても波が入って来ることはない。艇はスターンから風波を受けている。シーアンカーが効いているということだ。

10日目　5月28日（火）　南東の風　風力1　曇り
さんま飛び込む

北緯39度36分　東経152度15分

　1ポイントリーフ、メインのみで帆走。

　10:00、永田さんとQSO。

　12:00、弟とQSO。イナンナ号の位置入電、5/24 09:00、35°01′N、153°46′E。

　午後から快調に走りだす。3時間交代で夜もEへEへ突っ走る。

　23:00、さんまが1匹ピットへ飛び込んで来た、明日の昼めしにしよう。

　航海日誌の本文でいう「35°01′N」とは北緯35度1分のこと。「153°46′E」とは東経153度46分のこと。東西南北は、東はE、西はW、南はS、北はNで記載してある。

　朝6時に走りだした。うねりと波は残っているが風は弱い。風力1。縮帆したメインセールだけを揚げてエンジンを廻した。メインセールを揚げておくとローリング（横揺れ）を抑えられるからだ。

　エンジンは発電するために廻す。ゼネレーター（発電装置）は12ボルトで、1時間に35アンペア発電する。

　バッテリーは100アンペアのものを2個付けてある。1個ずつ交互に使う。充電も交互に行う。大きなワニグチで繋ぎ換える。簡単にできる。繋ぎ換える度にバッテリーのチェックもできる。こうしておけば2個とも一度に使い果たしてしまうことがない。片方のバッテリーの電圧が下がればその時点で気付く。自分で配線したから大丈夫だ。

バッテリーはもう1個積んでいる。150アンペアで乾燥式のものだ。バッテリー本体とバッテリー液が別々になっていて、使う時、必要になった時に液を注入する仕組み。15分で150アンペアが得られるようになるという。これは非常用の予備として船尾に保管してある。

　バッテリーの調達は山ちゃんこと山本氏に頼んだ。彼は車屋さんでその道のプロである。乾燥式バッテリーの存在は彼から聞いた。この頃のバッテリーは、初めからバッテリー液を注入してあるので、寿命は製造した時点から減ってくる。乾燥式ならバッテリー液を入れた時点から減るので交換用として積んだ。

　充電は週に2回、1回4時間の計画でエンジン燃料を積んだ。エンジンを廻せばスクリューも廻せる。風がない時にエンジンを廻せば有効に前へ進み、気分も良いという訳だがなかなかうまくいかない。「思い切り走りたい、ヨットで遠くまで走りたい」というのがこの航海の原点だ。帆走することが原点なのでエンジンはあまり使わない。

　でも、出航前にはエンジンの勉強もした。ヤンマーの長浜工場で3日間勉強した。マンツーマンで教わった。予備部品もしっかり積んである。

　エンジンは日本へ帰るまで一度も故障しなかった。労わるように使ったのがよかったのだろう。

11日目　5月29日（水）　北の風　風力3　晴れ
予定コースに乗った

北緯39度30分　東経154度20分

快調、朝めしがうまかった。

北からの風を受けて東へ進んでいる。コンパス角度は90度だ。風力3はちょうどよい強さ。緯度もちょうどよい位置。予定したコースに乗った。北緯40度より北上すると本船航路に近づき過ぎる。

　風力と風速は違う。風力3の時の風速は5〜6メートル位。おおざっぱだが風力の数値を2倍したのが風速。海上での風力は風速の他に波やうねりなど海の状況で判断する。

12日目　5月30日（木）　北の風　風力3　晴れ
速度計破損・大掃除

北緯39度26分　東経156度10分

　出航後初めて快晴のベタ凪。

　朝から良ちゃんはメインセールの修理、私は船内の大掃除。2回目のシケでアカが大量に入っていた。フォクスル、トイレ前は床上浸水。荷物が積み重なっていたので今まで気が付かなかった。

　汗だくで15:00まで作業。大きいバケツで15杯汲み出した。100キロは軽くなった。

　タバコが水に浸かった。43箱レッコ。全部で100箱積んで来たから、1日に2人で1箱の規定量を守れば、シスコに57日以内で着けば切らさないで済む。しまい場所がわからなかった砂糖も右舷のクォーターバース奥から出てきた。小口用の砂糖が切れたので探していたが、出てきてよかった。

　久しぶりに体を動かしたので疲れた。

　15:00、風来る。快調に走りだす。艇が軽くなったのが解る。

　15:00頃、イルカが来て艇の下を行ったり来たりしていた。8ミリカメラと35ミリで撮影した。5分位でどこかへ消えてしまった。

今日のイルカは2メートル位で白っぽかった。シャチではないかと思ったが、良ちゃんが「イルカ、イルカ」と言うのでイルカになった。この後スピードメーターが故障した。イルカにペラをやられたらしい。

　清水を出てから初めて、大掃除をした。汗だくになった。
　床板が外れなかった。浸水した水で膨張したためだ。仕方なく、指を入れるために空けてあった丸い穴へビニールポンプを差し込んで吸い上げた。ビニールポンプは、電気が使えなくなった時に水や燃料補給等いろいろな場面で使うから5本積んで来た。ポンプの頭の部分を手でつぶすとその反動で吸い上げるタイプで、ごく一般的な普及品。一度で吸い上げるのは50シーシー位だから、バケツ1杯にするためには150回近く動作したわけである。バケツに15杯というのは150回の15倍ということ。ポンプの吸い上げ口に物が詰まった。度々詰まった。缶詰の紙ラベルなどが何度も詰まった。悪戦苦闘した。
　水に浸かってダメになったのはタバコだけではない。米も水に浸かった。12キロ捨てた。米は1人当たり1ヶ月に10キロ消費する計算で、40キロ積んで来た。12キロのロスは手痛いが、スパゲッティーやホットケーキ、蕎麦もあるから大丈夫。タバコは右舷の棚に、

イルカかシャチか

米はバース下のコンテナーに入れておいたがダメだった。

　昼過ぎから風が出てきた。15時には北の風、風力3、針路90度、艇速5ノット。艇が軽くなったのが解る。水を得た魚のように走っている。艇速・針路ともに申し分ない。疲れは心地よい疲れに変わった。

13日目　5月31日（金）　西の風　風力4　曇り
スピードメーター直らず

北緯40度05分　東経158度41分

　朝から順調。5ノット位でEへEへ。夜中まで吹き続いたので3度は稼げそう。明日のポジションが楽しみ。

　艇内時計を1つ現地時間に合わせる。1時間30分進ませる。生活に不便を感じてきたから。

　12:25、JA2BGX 奥村さんとQSO。5度目位。明日14:00からSBS放送でチェリブラⅢ世の模様を生放送したいとの件。明日13:30にスケジュールを組む。夜のワッチの時に航海趣意書を作る。この航海はなんのためのものであるか等（明日の放送用として）。

　昨日スピードメーターが破損したので速度は目測だ。だから5ノット位、位という表現をした。速度は目測・感覚で解るが正確な数値に越したことはない。速度・針路・航行時間は艇の推定位置を割り出すのに必要。何度方向へ何ノットで何分走ったかで推定位置を割り出す。推定位置に狂いが出ると確定位置にも誤差が出てしまう。

　朝から、スピードメーターを点検した。スピードメーターは艇と海水との差、対水速度を測るタイプ。ドイツ製。信頼性が

高いと言われていたのでこれにした。この頃はまだGPSはない。スピードメーターは、船底に小さなプロペラを取り付けて、その回転をワイヤーケーブルでメーターに伝達する仕組みである。プロペラは直径2センチほどで船外に取り付ける。船底に穴を空けてコネクターを船内に引き込みワイヤーケーブルと繋ぐ。ケーブルの端はコックピットに取り付けたメーターに接続する。メーターには対水速度が表示される。単位はノット。簡単な仕組みだ。自分で取り付けたからすべて解っている。

　ワイヤーケーブルを取り外してプロペラを点検した。プロペラは船外なので目視できないがコネクターの芯は確認できる。芯が動いていなかった。プロペラが廻っていないということだ。昨日のイルカがプロペラに触れたのだろう。

　シャチや鯨はヨットを襲う。海中から見た時、下から見た時に、ヨットの形状が鯨に似ているからだという。襲われて遭難したヨットの例をいくつも知っている。本で読んだ。

　スピードメーターの破損箇所が解ったので修理方法を考えた。プロペラの予備は積んでいない。潜水用具は積んで来た。空気ボンベもある。しかし今船外で潜水作業するのは危険だ。揺れ動く船底にへばり付いて小さな部品を直すのは困難だ。海が静かな日にやればできないことはないが、破損状態を確認するのが精一杯だろう。

　船外での修理は諦めた。スピードメーターなしで走ることにした。無謀ではない。スピードメーターがなくてもスピードを測る方法はある。

14日目　6月1日（土）　曇り
　　　　ベタ凪

北緯39度48分　東経162度19分

　朝からベタ凪。のんびりキャビン内でくつろぐ。

　ステレオ修理完了。出航後初めてステレオを聞く。ラジオが聞こえないのでこれが頼りになってきた。都はるみの歌が懐かしかった。

　コンパスライト作成。スピードメーターのライトが不要になったので、これをコックピットのコンパスまで延長した。

　永田さんとは10：00、弟とは12：30にQSOしている。永田さん、マーメイドと同型のウィンドベーンをシスコに手配してくれたとのこと。

　この頃は決まって午後から吹き出す。今日も13：00時頃から風を拾う。Eからの風。しかたなく上にのぼることにする。夜は、ティラーセットのまま2人とも寝る。ハデに船があばれる。ジャンプしたり飛び込んだり。

　ラジオが聞こえたのは日本近海だけだった。徐々に聞こえが悪くなり今では何も聞こえない。

　ラジオは3台積んで来た。防水ラジオ、短波放送も聞けるラジオ、13バンド受信できるラジオ。すべて松下電器さんから提供していただいたものだ。

　堀江謙一氏の『太平洋ひとりぼっち』には、ラジオがしぶきをかぶって聞こえなくなった様子が書いてあった。ラジオを守るのに苦心した様子が書いてあったのでラジオの選定には気配りした。

　搭載品リストを作成した時は、短波放送も聞けるラジオと多バンドラジオの2機だったが、松下電器大阪本社営業部長さん

との電話の中で、近々発売予定の防水ラジオも提供していただけることになった。これが優れ物だった。波をかぶっても大丈夫。海中に落ちても浮きながら鳴っている。日本を出て以来ずっとこのラジオを使ってきた。

　40年経った今、他の2台は退役したがこれだけは大事に保管してある。「MARINE No.1」と名付けられたこのラジオはAMとFM放送が受信可能だ。短波放送は別のラジオで聞く。

　夕方から風波が強くなってきた。17時現在、北東の風、風力5、曇り、気圧1005、コンパス角度10度。

15日目　6月2日（日）　東の風　風力7　曇り
3度目の時化

北緯40度03分　東経162度06分

　一晩中ドタン、バタン善戦したにも関わらず何も進んでいなかった。リーウェイで逆にNNWに少しもっていかれた。朝ポジションを出してがっかりした。

　08:00、永田さんとショートQSO。現在位置と海上の模様、そしてこれから漂泊する旨だけを伝えてすぐにカッパを着込む。

　メインセールの修理した所がまた破れている。

　タイヤ2コに18ミリパイレンロープ100メートルをスターンから流す。なんとなくスターンが風上に向いた感じだけ。

　漂泊もこれで3回目。手順を心得てスムーズにできる。とはいえその時は2人とも必死。漂泊してしまうと後はやることがない。

　永田さん、無線で「イッパイやったらどうや！」。ウィスキーをひっかけてバースにもぐり込む。

昨夜はスターボーのクロスホールド、針路10度で北上したが今朝の位置は昨日より北北西だった。西へ戻されていた。風波を右前方（東側）から受けて走ったので左側（西側）に流された。日本の方へバックしてしまったということだ。サンフランシスコが遠のいたのでがっかりした。
　9時、漂泊開始。手順には慣れた。今日も船尾から流して、風波を船尾から受ける態勢にした。船尾の方が浮力に余裕がありそうだし、ロープを縛る所がたくさんあるからだ。
　シーアンカーの代わりに直径40センチほどのタイヤ2個を数珠つなぎにして流してみた。数珠つなぎで流すのと、2個を束ねて流すのでは効き方が違うから。
　9時現在、北東の風、風力7、曇り、気圧1005。

16日目　6月3日（月）　北東の風　風力4　曇り
漂泊解除

北緯40度07分　東経161度55分
　09：00、永田さんに元気づけられて漂泊解除を決心。永田さんありがとう。
　今朝の09：30からティラーを縛ったまま。東へまっすぐ進む。楽チンだ。漂泊していたから昨夜もぐっすり寝た。
　でも相変わらず、波がドッグハウスの上を遠慮なく通る。おそらく土足のままだろう。ストレートにピットまで通り抜ける。慣れっこになって1日中寝たまま。食事も寝たまま。手の届くもののみ口に入れる。
　タバコの吸い過ぎ。タバコは出航時に100箱積んだが割り当ては1日2人で1箱。昼過ぎに終わってしまう。その後は、割り当て外に以

前から船内にあったゴールデンバットとパイプ煙草。これにも限りあり。
　　気圧が少し上がった。海上もだいぶ静まった。されど風力４。しかし東に進んでいるので気楽。

　波は、船首から上がって船尾へと一気に通り抜ける。船首が波に突っ込むというより、波が船首を乗り越えて来る。そして、船尾まで一気に通り抜ける。艇速が速すぎるとこうなることは解っていても最大限に速く走りたいからセールを縮めない。
　デッキの上、ドッグハウスの上には補修用木材や補助ラダー（予備の舵）が置いてあるがしっかり縛ってあるから流されない。流されるものは今までの時化で流された。残っているものは大丈夫だ。
　ドッグハウスとはキャビンのこと。犬小屋のように狭いのでこう呼ぶようになったという。その昔からの呼び名だ。
　コックピットでは操船しない。舵を固定してキャビンの中で操船した。斜め前からの風だから舵を固定しても真っ直ぐ走る。
　舵を固定して走る時には、セールの張り具合、つまりジブセールとメインセールのバランスをしっかり調整する。そして舵は中央に固定する。５分ほど風波の影響を様子見して完了。
　細かく言えば、舵はほんの少し艇が風上に向かうように固定する。真ん中より５ミリ位風下側に固定する。セールは、ジブセールよりメインセールの方が先に裏風（セールの風下から入り込む風）をつかむように調整する。ジャストヘルムの位置から１センチ位出すと良い。
　このようにセットすれば、しばらく走っているうちに艇が

徐々に風上に向かう。風上に向かうとメインセールに裏風が入る。裏風が入ると、艇が風上に向かう力が弱まって徐々に風下に向かう。風下に向かうとメインセールの裏風が消えて、また風上に向かいだす。

時化の後

これの繰り返し。細かくは、3〜5度位ジグザグして走ることになるがこれくらいは気にしない。大丈夫。下手に人が持っているより良い場合もある。

　艇が旋回する中心点は、マストから1メートル位後ろなのでジブセールは風下に向かう力を発する。メインセールは風上に向かう力を発する。おおざっぱだが、この原理が解っていればセールトリムは簡単だ。もちろん、ジブセールとメインセールのセールキャンバス（帆の大きさ）のバランスを合わせることが大前提。風の強さに合わせて頻繁にセールを交換するということだ。ジブセールは5種類、メインセールは4段階に調整できる。

　舵を固定して走る方法の弱点は、風向が変われば針路も変わってしまうということ。風が吹いてくる方角に対して艇の進む方向を決めて固定するので、風向が変われば針路も変わる。

　キャビンの中にいても、コンパス角度の確認は頻繁に行う。

17日目　6月4日（火）　北東の風　風力3　曇り
船首から浸水

北緯39度25分　東経162度32分

朝から何もしないで寝てばかり。艇は黙っていてもEへ真面目に走っている。

13:30、バウが突っ込み易いので調べると、フォクスルとトイレ前が床上浸水していた。漂泊した時の浸水だろう。さっそく作業に掛かる。

ステムヘッドのボルトからの浸水だった。コーキング詰めの応急処置。もちろん、ラチェッターで増し締めした。フォクスルの缶詰6ケースをマストサポート付近に移し、フォクスルにはセール・寝袋・シースーツだけにしてバウを軽くした。

作業すること2時間半。2人ともバテ気味。でも、きれいさっぱり片づいた。今度は良さそうだ。船は軽やかに進む。ついさっきまでドッグハウスの上を通りすぎていた波が嘘みたい。

　　ステムは、外からステンレス材で補強してある。デッキから喫水下50センチまで補強してある。流木などとの衝突に備えての対策だ。幅5センチ厚さ1センチのステンレス板を10ミリのボルトで留めてある。

　　上から3番目のナットが緩んでいた。波に突っ込む度に、そこからジャボジャボという感じで浸水していた。最初の時化でシーアンカーを流した時にロープが切れたが、あの時このボルトの頭と擦れたのだろう。発見が早くてよかった。

　　修理作業のついでに片づけをした。日が経つとともに食糧を消費しているので、通路に置いてあったものが減った。重いものはマストサポート付近、すなわち艇の中心部付近へ移した。

18日目　6月5日(水)　北東の風　風力2　曇り
初めての酒盛り

北緯39度29分　東経164度30分

　48時間ティラーをセットしたままで、EへEへとゆっくり、ゆっくり走る（2〜3ノット）。おかげで体力がつく。食欲もバツグン。少し太った感じだ。

　朝の交信で永田さん、生まれたままの姿で無線機に向かっているとのこと。大笑い。今夜20:00と22:00に夜間交信テストを行うことにする。調子が良ければ良ちゃんの友達の声が聞けるかも。良ちゃんワクワク。

　朝の交信後、昼食用に作ったおかずをつまみに2人してビールを飲む。うまい。2缶ずつ飲んだ。良ちゃんは出航後初めてのビール。私は夜のワッチ時に時々飲んでいた。加藤登紀子の歌をステレオで聞きながら2人で歌う。真昼の酒盛りだ。タケノコとウズラの卵の煮付け、野菜サラダ、サンマのカバヤキ、全部タイラゲタ。ごはんを食べずに昼寝。

　ヨットでの生活に慣れてきた。初めての酒盛りだった。楽しかった。
　クルーの良ちゃんは、引き返して日本へ帰ろうと言わなくなった。言ったのはあの時だけ。初めての時化の後だけだった。期待せずに接しているのが良いみたい。

19日目　6月6日(木)　北北東の風　風力2　曇り
快調　太陽がのぞいた

北緯39度40分　東経166度00分

最近、朝食は04：30頃、現地時間では06：30頃になる。ポジションを出した後が朝食だ。
　今日は久しぶりに太陽がのぞいた。05：00頃（JJY）、朝食後の一服を終えてサテ!! と思った時チラッと陽がさした。本当に久しぶり。
　2人とも元気が出て No.1 ゼノアを張る。No.1 ゼノアは出航以来初めて。No.2 ゼノアが破れてからはずっとレギュラージブで走った。ゼノアのセール面積はレギュラージブの倍くらい。
　艇は驚くほど速さを増した。軽々と。快調、快調。快調を祝って09：00頃からビールを飲む。昨日に続いての酒盛り。これがヨットの醍醐味。
　14：00、風力4になりレギュラーにチェンジ。メインは2ポイントリーフ。夜に備えてエリアは小さめにする。
　16：00頃より風落ちて風力2。そのままのエリアで夜を明かすことに決定。
　20：00頃、魚？ の鳴き声に気付き、金子健太郎さん流の魚とり。直径40センチの網をスターンから引っ張る。捕れたのは、くらげみたいな変なヤツだけ。本当に金子健太郎さん並になってしまった。
　イナンナ号は今頃どうしてるだろう。おそらく、もう追い越してしまったと思う。

　太陽が覗いたのは1週間ぶりくらいだった。ずっと、じめじめして寒い日が続いていたので元気が出た。
　日本時間で朝5時、ジブセールを一番大きいのに交換してメインセールのリーフも解いた。フルセールにしたということだ。艇速が一気に増した。4.5ノット、コンパス角度70度。
　スピードメーターが壊れたので速度は手動で測っている。艇

の長さの２倍を所要時間で割ったのが速度。チェリブラは全長９メートルだから２倍すると18メートル。所要時間は、船首から空き缶を投げて船尾を通過するまでの時間をストップウォッチで測る。所要時間が３秒なら、18÷３＝６で時速６ノット。１時間に６マイル走るということ。所要時間が４秒なら、18÷４＝4.5で時速4.5ノット。１時間に4.5マイル走るということだ。１マイルは1852メートル（メートル以下は切り捨て）。

　空き缶を投げるのは良ちゃんの役割。艇の斜め前方に投げて片手を上げる。缶が真横に来たら上げた手を下ろす。私は船尾にいて、手が下りてから缶が船尾を通過するまでの時間を測る。簡単だ。

　JJYとは日本標準時間のこと。世界標準時間はGMTという。

20日目　６月７日（金）　北北東の風　風力１　曇り
魚が釣れた？

北緯40度28分　東経168度48分

　昨日、No.1ゼノアで頑張った甲斐あって２度48分Eへ進んだ。

　今日もまたNo.1ゼノアを揚げた。しかし、すぐに風落ちる。でも、天気がいい。朝方は昨日と同じ曇り空だったのが08：00（JJY）から一転して快晴。久しぶり、本当に久しぶりの快晴。風はないがいい気分。

　早朝、魚が釣れた。出航以来初めて釣れた。仕掛けておいたケンケンに全長40センチ位のヤツが引っ掛かっていた。鯛の一種だろう。良ちゃんが魚図鑑で調べたが同じヤツは載っていなかった。この魚は不運だった。針を食べて釣られたのではなく背ビレの所に引っ掛かっていた。針の近くをウロチョロしていたのだろう。昼食のおかずになっ

た。夕食にも２切れ出た。

　調理は良ちゃんまかせ、私は魚の調理が苦手。というより、生き物の調理がいやだ。気持ちが悪い。血を見るのがいやだ。しかし、出来上がれば食べる。都合良くできている。

　昼から、良ちゃん、メインセールの修理。小生、ステムのナットにコーキング詰め、そしてバテン作り。

　６月２日の時化以来、東へ向かって走っている。針路70度から90度。東へ進めばダイレクトに目的地へ近づく。
　北緯40度は理想的な位置だ。これ以上北上する必要はない。１日で２度48分東へ進んだので上出来だ。
　１度は60マイルではない。ここは北緯40度付近だから経度で１度の距離は60マイルより短い。正確には、簡易天測表という本で調べるが、この辺りの経度１度は46マイル位だから、１日で100マイル以上東へ進んだということ。24時間の平均速度が４ノット以上だったということだ。気分がいい。
　魚が釣れた。背中に引っ掛かっていたが釣り上げたことは確かだ。出航以来初めて釣れた。
　幾日も前から、魚を釣ろうとケンケン（水中板）に疑針（ぎばり）を付けて船尾から引っ張っていたが釣れなかった。以前、船に飛び込んで来た魚はいたが、なかなか釣れない。先日は、針に掛かった魚の頭だけが釣れた。掛かった魚を他の大きな魚が食べてしまったということだ。針に掛かってもすぐに引き上げなかったからだ。引き上げるのは２〜３日に一度。魚を食べたくなると引き上げてみる。
　頭だけでは魚を釣ったとは言えないから、今日釣った魚が出

航以来初めての収穫である。

21日目　6月8日（土）　南の風　風力4　曇り
水中を走る

北緯40度46分　東経169度50分

　今朝はここ2～3日と違う。風に腰があり風力が衰えない。いつもは朝弱く夕方強い。吹き出しそうな気配。

　アビームで、ティラーを固定したままで良く走る、4～5ノット。今日は、ゼノアは揚げない。

　昼頃から風強くなる。波がデッキを通る。遠慮なく、断りもなしに土足で駆け上がって来て飛び降りる。夕方から夜にかけて一段と風力が増す。アビームだから走っていられる。クロスならもう漂泊している頃。気圧もぐんぐん下がっている。

　今夜は2時間ずつのワッチ。2人とも寝るわけにはいかない。どちらかが起きていないと、気がかりで両方とも眠れないから。

　ホップ、ステップ、ジャンプ、ジャンプ。マストが気になる。外を見ない、見ても見えない。ただ音だけ。八丈島へのテストセーリングの時と同じような気持ち。あの時は4人、今回は2人だ。

　南からの風なので針路は90度。右横から風を受けて東へ走っているということ。朝は風力4、曇り、気圧1025。13時には風力5、雨、気圧1021。20時には風力6、雨、気圧1015。

　波がデッキの上、ドッグハウスの上を駆け抜ける。船首から飛び上がって、船尾まで一気に駆け抜ける。水中を走る。海面へ出たと思うと、ジャンプしてドーンと落下する。これの繰り返し。速度が速いとこうなる。速度を落とせば楽になるが、少

しでも早く走りたいからセール面積は縮めない。踏ん張りどころだ。

22日目　6月9日（日）　南の風　風力7　曇り
4度目の時化

北緯40度30分　東経173度20分

06：30、漂泊する。

昨夜から今朝にかけて、風力5〜6の中をレギュラージブに2ポイントリーフメインで頑張った。

06：10、右舷に抱いていたNo.1ゼノアが波をすくい、スタンション2本を曲げてしまった。気圧計は1025から1009に急降下している。43度付近にあった低気圧の影響を受け始めているらしい。

漂泊してからはいつもと同じ。何もすることがない。時々アカを汲んだり、ティラーの様子を見るだけ。

今日は良く風上に立っている、といってもスターンからタイヤ2本と100メートルのロープを流しているから、スターンが風上に向くわけ。今までよりはずっとローリングも少ない。波もかぶらない。風だけが強いから良く立つのだろうか。これなら楽だ。

16：00、漂泊解除。急に風が落ちて風力1〜2。セールは夜中じゅうバタン、バタン。適当にして2人とも寝てしまう。

たった11時間の漂泊だった。4度目なので手慣れたもの。

艇は良く風上に立っていた。風の割に波が小さかったことと、艇が軽くなったことの双方だろう。

「アカ」とは、船底に溜まった水のことだ。

8時に風力7まで上がった風波も18時には風力1。夜は、風

が弱く波だけが残っていたのでセールが安定せず、ローリングする度にバタン、バタンと音を立てていた。

デッキワーク

23日目　6月10日（月）　南東の風　風力2　曇り
無線機トラブル

北緯40度38分　東経174度10分

　毎朝05:00に起きる（日本時間02:30）、今日もそうだ。

　この頃、朝食は私の担当、別に決めてはいないが朝は私の方が早起き。今迄の仕事のせいだろう。

　朝食後、No.1 ゼノアにフルメインにする。3ノットでEへEへ。

　シケられた後は床上浸水。フォクスルとトイレ前のアカ汲みはシケの後の決まった仕事。今日は1時間位で終わった。度を重ねるごとに早くなる。慣れてきたことと荷物が減ってきたこと。

　日本時間の06:30、定時交信だ。アカ汲みを終えて無線機へ。無線機トラブル。受信は正常だが送信に入ると電圧の降下が激しい。みるみるうちに9ボルト位まで下がる。送信できない。

　バッテリーが2個ともくたびれてしまった。昨夜2個ともチャージしたのだが。

　20:00、チャージしながら静岡市の杉本さん（JA2AJF）を呼び出

> す。この人は何時もワッチしてくれている。端的にトラブルの様子を知らせる。すぐに原因を究明、処置を検討してくれるとのこと。こういう人がいるととても心強い。杉本さんありがとう。

　時化られて、漂泊したのも昨日で４度目。風波が増してきてもギリギリまで走っている。漂泊するのは耐えられなくなった時だけだ。
　チェリブラは全長９メートル、このサイズの艇だと風力５までは走れるが、風力６になると大変。風力６になるまでは走るということだ。
　風力の数値は、風速のほかに波やうねり等の状況を加味して決めるが、風向が悪いと、風力５でもキャビンの中まで波をかぶる。キャビン入口（ドッグハウス入口）の差し板を閉められない時は、キャビンの中まで波しぶきが入って来る。
　無線機は右舷の船腹に寄せて設置してある。入口からは１メートル以上離れているが、時にはしぶきをかぶる。ある時は、着ていたカッパを脱いで無線機を覆った。無線機を守るためのとっさの処置だった。無線機の保守には気配りしていた。日本との唯一の通信手段だからだ。
　無線の免許は、電話級と電信級を持っているからモールス信号もできる。手旗信号や発光信号もできるが、これは相手が見える距離でしか使えない。
　無線機は八重洲無線の「FT101」で、最大出力100ワットの信頼できる機種。修理のための予備部品も積んである。テスターやハンダゴテも積んである。揺れ動く船内でも修理はできる。
　夜、バッテリーをチャージするためにエンジンをかけようと

したがかからなかった。セルモーターが廻らない。バッテリーが2個ともくたびれてしまったから廻らない。クランクハンドルを使って、手動で廻したら一発でかかった。しかし発電しない。バッテリーが2個ともくたびれてしまっているから発電しない。ゼネレーターが作動しないということだ。オルタネーターを付けてあるからバッテリーの電圧が9ボルト以下になるとゼネレーターが作動しない。作動させるのには9ボルト以上の電圧が必要。誘起電力が必要である。

　こうした時のために、単1乾電池6本を直列でつないで9ボルトを取り出すケースを作ってあった。出航前に作った。これが役立った。乾電池を入れてケースの端子をバッテリーに繋げたら発電を始めた。1秒位繋げればOKだった。ゼネレーターの音が変わるから発電し始めたことが判る。アンメーター（電圧計）も上がった。

　誘起電力のことは、ヤンマーの長浜工場でエンジンの勉強をした時に教わっていたので慌てなかった。

24日目　6月11日（火）　南東の風　風力1　晴れ
　　　　トラブル回復

北緯40度06分　東経175度53分

　06：00、清水との定時交信、送信できないのでワッチしている。静岡の杉本さんと清水基地局の弟とでトラブル究明の打ち合わせをしていたので、こちらからBK（ブレイク）して、ショートで補足説明をした。昨夜チャージしたので、バッテリーは少しだけ回復している。

　08：00、弟と交信。無線でアドバイスを受けながら、テスターを取り出していろいろ測定した。

原因が解った。無線機のトラブルではなくレギュレターのトラブルだ。エンジンを廻してバッテリーをチャージするのだが、レギュレターの作動が悪く、ほとんどチャージできていなかった。だから、消費電力が大きい送信状態では、急激に電位が下がった。
　配線をチェックしてみたら、４Ｐ開閉器のアウトオン（＋）の端子がはずれかかっていた。振動のためナットが飛んではずれたらしい。これを修理したら正常になった。ひと安心。しばらくエンジンを廻してバッテリーを充電した。これで OK。

　トラブルの原因が解り、回復してよかった。ドタン、バタンと走ったからネジ類に緩みが出てきた。
　部品のひとつひとつはひと回り大きなものでしっかりしたものを使い、塩害も考慮してある。配線もできる限り簡素にしてある。自分で配線したから修理もしやすい。
　今回の故障箇所は、エンジンに取り付けられているレギュレターだった。エンジンの付属として、最初から取り付けられていたものだ。黒色の５センチ角くらいの鉄製の箱に入っている。ゼネレーター（発電機）とバッテリーの間に取り付けてある。中身はリレー。電圧が一定以上に上がると遮断する仕組み。過充電を防ぐ役割をする。
　このレギュレターの出力側プラス端子が外れかかって接触不良を起こしていた。レギュレターとバッテリーの間で通電不良を起こしていたので、充電しなかった。
　修理は極めて簡単だった。ついでに、電気系統をチェックした。配電盤も外して裏側もチェックした。他に不具合箇所はなかった。

25日目　6月12日（水）　南の風　風力4　曇り
鳥が釣れた

北緯40度18分　東経177度38分

　朝、昨夜からのフルセールも、05:30風力4になり、レギュラージブと2ポイントリーフしたメインに落とす。このセールプランが一番安定している。今朝までのNo.1ゼノアで大分稼いだ様子。

　日付変更線が近づいた、今夜には通過できるだろう。出航して25日位で通過したいと思っていたが、だいたい予定どおりだ。西経に入ったら、良ちゃんとチェリーブランデーで乾杯することにしてある。

　日中は小雨交じりの嫌な天気。でも、風は南から順調に吹いている。4～5ノットでEへEへ。

　20:00の交信時間を寝過ぎてしまった。初めてだ。目覚めたら22:00。コンディションが落ちてQSOできず。明朝は忘れてはならない。

　暇にまかせて夕食を作った。タケノコ、昆布、シイタケ、ジャガイモ、タマネギのごった煮。少々薄味の気あり。しかし、自分の作った物はうまい、と思うことにする。海水でゆでた蕎麦が塩辛い。食後、口直しにジュースを1缶ずつ飲んだ。

　鳥が釣れた。夕方、魚釣りのために流しておいたヒコーキ（引縄の一種）の針に、大きな黒っぽい鳥が食いついた。羽根をバタバタさせながら引っ張られていた。食いついたのは1羽だが他に3羽付いて来ていた。母親らしいのと、ひとまわり小さい子供みたいなのが2羽。家族連れのようだ。

　良ちゃんが引き上げ、私は、その様子を8ミリカメラで撮影した。艇に引き上げて抱きかかえたら、大きい。羽根を広げた時には1メートル位あった。羽根は黒だが他は白かった。素手

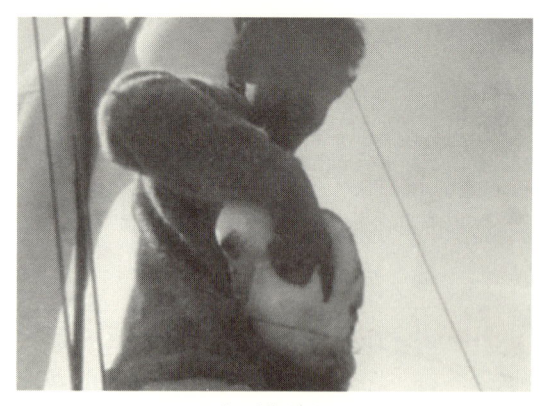

鳥が釣れた

で針を取ってやろうとした良ちゃんが突かれたので、プライヤーを手渡した。すぐに取れた。記念撮影して逃してやった。

焼き鳥にしよう、という発想は浮かばなかった。家族連れなので可哀そう。この鳥、名付けて「アホウドリ」。

26日目　6月12日（水）　西の風　風力3　雨
日付変更線を越えた

北緯40度28分　西経179度55分

　ついに、日付変更線を越えた。バンザイ。5分の2を消化したわけだが、実質には半分消化したと思っていいだろう。これからは時化も少なくなるだろうから、漂泊で日にちをロスすることがないだろう。しかし逆に、凪で船が進まなくなる日が増えると思う。これからは今まで以上に、風がある時にがめつく稼がなくては。

　早朝、風がSからSWへ、そしてNに振れた。今はWの風、風力3、観音開きでEへ4ノット。

　前線の通過に伴う雨のため、日付変更線通過を祝うチェリブラパーティー（2人だけ）は見送り。天気の良い日に繰り越すことにした。

　夜、家と交信できた。20日ぶりに聞く征ちゃんの声。子供も元気な声を出していた。うれしい。

　故障していた家の無線機が今日直ったとのことだったが、この交信

には弟（JH2KST）のほか、静岡の杉本さん（JA2AJF）など、多くのアマチュア無線家が周波数合わせに協力してくれた。

　日付変更線を越えた。越えたのを確認したくて夜中に位置を出した。午前1時30分の位置が西経179度55分。越えたのはちょうど零時頃だろう。日本を出てから26日目。正味25日と12時間余り。25日位で越えるだろうと思っていたので、当初の計画どおりだ。ひと安心。
　この調子で行けば、60日前後でサンフランシスコに着く。7月17日頃に着く計算。出航前の計画どおりに進んでいる。
　日付変更線を越えたので、6月12日をもう一度迎えた。
　久々に聞いた家族の声。征ちゃんとは妻のこと。名前は征己。永田さんが、奥様のことを「いくちゃん」と呼んでいるので、それに影響された。子供たちの元気な声を聞いてこちらも元気が出た。長男が小学2年生、次男は幼稚園児。
　海況は安定しないが、日付変更線を越えたり家族の声を聞いたり、今日は良い1日だった。
　ヨットでの生活に慣れ、時化への対応も苦にならなくなった。

27日目　6月13日（木）　西の風　風力3　曇り
　　　ミッドウェー北方で英霊を慰める

北緯39度49分　西経178度04分

　40マイル、南に流されてしまった。日付変更線の西にある海流に乗ってしまったらしい。40度以北なら大丈夫だと思っていたがダメだった。16時間で40マイルなので、時間当たり約2.5ノットで南へ流されたわけ。この海流の影響は受けないだろうと思っていたのでビッ

クリした。

　昨夜から今日にかけて、5～6ノットで走っている。今までは「偏西風帯なんてありゃしないじゃないか」と話していたが、日付変更線を越えたとたんにそれらしきものをつかんだ。腰のある西風が吹き続けている。朝晩に少し強くなるだけで、ほとんど安定している。レギュラージブに2ポイントリーフしたメインの観音開きだ。

　西経に入ってからは、シケよりもナギで船が進まない方が怖いと思っていたが、今のところは東経の時より順調に進んでいる。この風が、長い間吹き続けることを願って今夜は寝る。

　海流については、計画段階で入念に調べた。初期、コースを決める段階、出航時期を決める段階で、幾晩もパイロットチャートと睨めっこした。
　この海流も把握していた。北緯40度より北なら影響を受けないと思っていたがダメだった。ウロウロしているとミッドウェーの方向へ流されてしまう。西からの風だが針路を60度で12時間走ることにした。朝3時から夕方3時までの12時間は針路60度。その後は90度ということだ。
　ここはミッドウェーの北。ミッドウェー島は北緯28度13分、西経177度22分。先の大戦の時、多くの方が亡くなった。
　英霊を慰めた。この

英霊を慰める：ミッドウェー北方

— 140 —

時のために線香とお神酒を積んできた。日の丸と線香とお神酒を用意した。一升瓶を片手に海原へお神酒を注いだ。日の丸を片手に線香を焚いて合掌した。

　食パンが終わった。シャモンの伊藤さんからいただいた食パンを食べ尽くした。今まで腐らなかったということだ。数日前から、カビのような点が生えてきていたが「その場所を取れば食べられる。防腐剤は使っていない」という伊藤さんとの無線交信だったので、最後まで食べた。思いのほか日持ちした。

28日目　6月14日（金）　西北西の風　風力3　晴れ
ロランチャート終わる

北緯40度38分　西経175度46分

　3日間続いた西の風も、今日昼頃からNにシフトし始めた。この3日間は、ティラーを縛りつけて寝る訳にいかず、2時間交代で昼夜ティラーを持っていた。このため2人ともバテ気味で、明日の日曜日（日本）は帆走を休むことにしてあったが、ちょうど、風も変わりはじめ、夕方からはティラーを固定したままで2人とも深い深い眠りに入った。

　ロランチャートが昨日で終わったので、今日から天測で船位決定している。普通チャートも明細がなく、太平洋全図なので作図に苦労した。1度が0.6ミリという尺度は、ヨットにとって作図不可に近いから明日からは船位決定用図を使うことにする。

　朝の交信で、明日の日曜日に良ちゃんのお父さんが私の家に来て良ちゃんの声を聞くという。明日が楽しみだ。しかし、ここ2週間というもの、日曜日になるとシケで漂泊していた。海がシケルとアンテナの状態が悪くなり交信不可だ。明日の天気を気にしながら寝るが、ま

❚ ちがえてもシケそうにない。

　太平洋の真ん中。日本とアメリカの真ん中辺り。周りは全部海。部分チャート（海図）には陸地は何もないが、船位を出すために必要。しかし、出航前に用意できなかった。手に入らなかった。
　チャートはたくさん積んである。ロランチャートと普通チャートの２種類。同じ海域でも数種類の尺度のものを用意してある。普通チャートは、大阪の林さんや神戸の永田さんルートで、先人たちが使ったものをもらったり、焼津の解体船屋さんから安く買った。それでも足りない箇所は新しいものを買った。
　ロランチャートはすべて新品を購入。太平洋のロランチャートは、西経のものすなわち日付変更線から東の詳細チャートは手に入らなかった。アメリカ大陸に近づいたものはある。
　ロランとは、ロラン波を受信して読み取り、ロランチャートで位置を割り出す。とても簡単。この頃のロランは世界全域をカバーしていなかった。カバーしていない水域のチャートはない。北半球はだいたいカバーされていたので今までロランに頼っていた。
　ロランの受信装置は、焼津の解体船屋さんから５万円で買った。ホイップアンテナを船尾に取り付け、本体はチャートテーブルの下に格納してある。幅30センチ、高さ50センチ、奥行き40センチほど。取り付けは自分でやった。
　ロランチャートが終わったので、昨日から天測で船位の決定をしている。天測は太陽が出ないとできない。毎日できない、

できない日の方が多いということだ。

　天測とは、太陽の下辺と水平線との角度を測り、それを測った世界標準時間と推定位置と海面からの高さをデータにして、簡易天測表など2冊の本を使って現在位置を割り出す。

　天測の精度はロランより落ちるが、太平洋の真ん中では気にしなくてもよい程度の誤差だ。

29日目　6月15日（土）　北の風　風力1　曇り
家族と交信

北緯40度04分　西経174度30分

　今日は休養日。昨日はぐっすり寝た。艇はゆっくりNEへ動いている。

　06:00、今日の無線交信に備えてバッテリーをチャージした。

　13:00（日本時間10:00）、弟と征ちゃんの2局の声が入る。しかし、南方洋上の漁船JH2MXK松田さんのBKで、先に松田さんとQSO。5分位でQSOを終わり、すぐ弟と征ちゃんを呼ぶがコンディションが落ちて先ほどのようにうまく交信できない。かろうじて、ところどころ内容が解るだけ。それでも、夕方まで受信を続けたが、待望の良ちゃんのお父さんの声は聞けなかった。アンテナをいろいろ交換したがダメ、コピーしたのは良ちゃんのご両親と、何とかという友人が征ちゃんの所に来ているということだけ。

　19:00、征ちゃんを呼び出したがダメ。静岡の杉本さんにお願いして家に電話してもらったが、横砂の実家へ行ったとのことだった。杉本さんは横砂へも電話してくれた。

　急いで家に帰って来た征ちゃんと交信できたのは19:50、とても良く入感している。家の様子、子供の声、おばあちゃんの声等々、20:50まで話がはずんだ。ブルーバードを12万円でOSJに引き取っても

らう件。新しいテレビを買った件。子供の勉強の件等いろいろ。
　今夜はぐっすり眠れる。

　今日は、1日中風が来なかった。北の風、風力1、曇り、針路70度、速度1ノット、バッテリーチャージのためにエンジンを廻した時は4ノット。
　家族とQSO（交信）できてよかった。杉本さんありがとうございました。OSJ（JH2OSJ：旭モータースの山ちゃん）ありがとう。

30日目　6月16日（日）　北西の風　風力1　曇り
　　　　　無風帯

北緯40度47分　西経174度18分

　朝から風がなく、艇はゆらりゆらり。一昨日の夜から昨日1日中休養したので、2人とも体力は充分。
　朝食後、No.1 ゼノアとフルメインにした。
　10:00、やっと北西の風が吹き出し、順調にEへ走り出した。
　午前中は船の片づけ。細かい所までやった、ギャレー廻りの整理等。船内が小奇麗に片づいてとても気持ちがよい。
　風が吹かない。午前中に吹いたNWの風も30分位でパタリとやんでしまった。
　艇はほんのわずかずつEへ進んでいるだけ。0.5ノット位だろう。
　午後から、何もすることがなく、釣り糸に、じゃがいもの煮たのを丸ごとつけて流したが、すぐにじゃがいもだけなくなってしまう。柔らかすぎるのだろう。2回やって、これはやめた。後は昼寝したり本を読んだりしていた。

こうなってくると、少しくらいシケ気味でも風があった方がありがたい。人間の常であろうか、シケの時は凪を望み、凪の時は強い風が欲しくなる。

　無風帯に捕まってしまった。一昨日の昼からろくな風にめぐり合えない。

　風のパターンが変わった。これまでは1週間の周期、時化から次の時化まで1週間だった。時化のあとは徐々に風が落ち、やがて凪になる。凪は半日か1日程度、その後吹き出して軽風から強風へ、そして時化。この1週間パターンが変わった。

　早くここから抜け出したい。

無風帯

31日目　6月17日（月）　東の風　風力1　曇り
髭剃り

北緯40度53分　西経173度53分

　今日も1日中風無し。昨日より少しは良い感じだが、それにしても、そよ風しか吹かない。この調子だと何時（いつ）シスコに着けるだろうか。陽が出れば気も休まるだろうが、陽も出ず風も吹かず船も進まず、身体だけが鋭気を養い風の吹くのを待っている。

　昨夜は、ジブを降ろしメインをいっぱい引き込んで寝てしまった。

バタン、バタンでは、セールやシートを傷めるだけだから。

　陽が出ないので天測できない。今日で３日目だ。針路、艇速を細かく記録して推定位置を出している。スピードがないのであまり誤差もないと思う。

　昨日は２人で髭を剃った。もちろん出航後初めてだ。良ちゃんは全部剃り落したが私はアゴ髭を残した。一昨年の今頃からちょうど１年間、髭をのばしたことがあった、今回も少しのばしてみようと思う。できれば日本に帰るまで。

　10:00頃、アザラシが１匹、船に近づいて来た。こっちを見てきょろきょろしている。首を伸ばし丸い目をしてこっちを見ている。８ミリと35ミリで連続撮影した。10分位いただろうか、艇のほうもプカプカしていたから。最近の単調気味な航海にとって、このアザラシは珍客だった。

　正確な艇速を測ってみた。穏やかな日は１人で測れる。ティラーを固定して、ストップウォッチを左手に持ち、バウから丸めた紙を海に投げる。少し前方に投げ、艇と並んだ時にストップウォッチをオンにする、急いでスターンへ跳んで行き、スターンと並んだ所でストップウォッチをオフ。10秒だ。この船の長さは９メートルだから、９×２÷10＝1.8。　艇速1.8ノット。今までの感覚だと１ノット位。５月30日にスピードメーターを破損して以来勘に頼ってきたが、日が経つにつれ勘も狂ってきたらしい。これからは時々測定することにする。

　昼メシの天ぷらがうまかった。良ちゃんハッスルしてシイタケ、昆布、タマネギ、ジャガイモの天ぷらを作った。

　ヨットからアザラシを見るのは初めてだった。愛嬌があった。しばらくヨットと遊んでいた。

髭を剃ったら、2人ともいい男になった。互いに写真を撮り合った。

32日目　6月18日（火）　東の風　風力1　曇り
　　ワクワク ソワソワ

北緯41度08分　西経173度17分

　朝から、夜が待ち遠しい1日だった。20:00に神戸の永田さんとQSOするスケジュールがあったからだ。良ちゃんは、私以上にワクワクソワソワ。昨日のうちに髭を剃って色男になっているが、残念ながら無線では顔が見えない。

　待望の20:00、JH3EHO"ひねもす"の林さんからの呼びかけだ。良ちゃんの友人も横にいるという。良ちゃんがバースから抜け出してリグの前へ割り込んできた。

　懐かしの高橋さんが一生懸命良ちゃんに呼び掛けてくる。しかしあまりコンディションが良くない。メリット3で、かろうじて内容が解るくらいだ。こちらの電波は、向こうで受信できないほど弱いという。

　ヨッチャンが大きな声で、「元気ですかー？　心配しないで下さい、お元気でー！」と必死。私はバースへ追いやられ、無線機の前はヨッチャンの一人占め。

　夕方から機帆走してバッテリーをチャージしておいたのにコンディションが悪くて残念だった。

　無線のありがたさをしみじみと感じた。単調な日なのでなおさらのことだった。

　アマチュア無線でいうメリットとは、受信できている状態のことで、1から5までの5段階で言い表す。数値が多いほど受

船内の掲示板

信良好。この日はメリット3だったから受信状態は良くない。なんとか内容が解る程度だ。

　リグとは無線機器のこと。チェリブラは移動局だ。全世界海域で電波を出せる移動局として認可を受けてある。航海計画を説明してこの認可を受けた。この時はJA2KIG局のお世話になった。彼は名古屋まで行って航海計画を説明してくれた。

　無線機はFT101の1台だけだが、これで7メガ帯と21メガ帯が使えるように設置してある。もっぱら使っているのは21メガ帯だけだがこれで充分だ。

　この頃には、船内に白板を置いて、月日・曜日・航海日数・重要事項・連絡事項を書いていた。記憶、認識をはっきりさせるための手段だった。写真では日付が19日になっているが現地は18日、日本では19日ということ。日付変更線を越えたのでこういうことになった。毎日1日ずつ増やしていったらこうなった。

33日目　6月19日（水）　東の風　風力2　曇り
顔が引きつる

北緯41度03分　西経172度16分

　Eの風が吹き出したと思ったら、ずっとEが吹き続けている。17日

の午後から今日まで終日 E。艇は NE へ行ったり SE へ行ったりで、行きたい E へはあまり進まず。でもベタ凪よりはずっとましだ。

　料理の本を見ていた良ちゃんがバースから起き出してギャレーに向かった。夕食の支度である。待っていた私の前に出されたのはカレーピラフ。ご飯にコンビーフ、ピーマン、タマネギを入れてカレー粉で炒めたそうだ。2、3口食べてびっくり。辛い、並の辛さではない。目をパチクリさせながら我慢して食べる。そのうちに、顔が引きつってきた感じ。目をパチクリ、顔を引きつらせながら2人とも黙ってガンバル。

　どうにか腹の中に収めた。まだ顔が引きつっている。すぐ、口直しにパインの缶詰を食べたが治まらない。

　良ちゃん曰く「うちのオフクロさんが作るともっと甘いんだがなー」。

　カレー粉を大さじ2杯入れたそうだ。

　東からの軽風が3日続いた。針路は130度へ行ったり50度へ行ったり。

　ジグザグを繰り返しながら目的地へ向かっている。北緯40度辺りをキープしながら、1日北東へ走ったら次の日は南東へという具合。サンフランシスコは東。効率が悪い。

34日目　6月20日（木）　東の風　風力3　曇り
ジブセール破れる

北緯40度57分　西経171度19分

　今日も昨日と同じような風だ。風は相変わらず E から吹き続ける。No.1 ゼノアとワンポイントリーフのメイン。偏西風はどこにあるの

だろう。

　15：20、バースから窓越しにジブを見ていたら、ばかにフットがシバーしていた。

　スライドハッチを開けて調べに行った良ちゃんが「ジブがやられた」と言う。急いでブーツを履き2人ともデッキへ。ゼノアを降ろしてレギュラーに交換。そして、メインを2ポイントリーフした。

　幸い発見が早かったので大した破けようではない。下から2番目の縫い目がフットに沿って3メートル位破けた。これくらいなら修理可能。

　夕方になって風力が増してきた。久しぶりに船がドタバタはじめた。波がドッグハウスの上を通る。でも、まだ時々。日本近海のことを思えばずーっと穏やか。しかし、静かな生活に馴染んだせいか、やけに荒れてるみたいな感じがする。今夜は交代で寝ることにした。

　東からの風が吹き続けている。朝は風力2、昼は風力3、夕刻には風力4、徐々に強くなってきた。

　フルセールで針路45度で走っていたら、ジブセールを破いてしまった。2人ともキャビンの中にいたので対応できなかった。No.1のゼノアセールは、面積が大きく生地も薄い微風用のセールだからもう少し早く交換すべきだった。この時風速8メートル。

　このサイズのセールは1枚しか積んでいないので静かな日に修理することにした。

35日目　6月21日（金）　東の風　風力3　曇り
イナンナ号がSOS

北緯41度56分　西経169度53分

　朝の交信で、金子健太郎さんのイナンナ号がSOSを発したニュースを聞いた。

　イナンナ号とは、5月25日に一番接近した。それ以降は追い越してその距離は離れている。はっきりしたポジションのつかめないイナンナ号を救助するのは難しい。

　SOSの周波数2.091MHzを受信してイナンナの電波をつかもうと努力したが、とうとうそれらしきものは受信できなかった。

　25日にイナンナに接近した時は、信号弾を11時方向に確認した（20:45）。あれがイナンナからの信号弾だったのだろうか。船体は見えなかった。

　その時のイナンナのポジションは（5月24日、09:00）、35°01′N、153°46′Eと知らされてきている。チェリブラはそれ以降ずっと北上してしまったが、イナンナはどうしたのだろう。

　SOS受信で北海道根室の東方だということは解ったらしいが、それ以上は、電波が弱くて解らないとのこと。

　私の推測では42°N、165°E辺りだと思う。

　金子さん、健太郎さん元気でいて下さい。こうしている時も、貴方はライフラフトの中で寒さに震えていると思うと、いたたまれません。頑張って下さい、そして元気な姿をアメリカで見せて下さい。

　"イナンナ"号の金子健太郎さんとは清水でお会いしている。八丈島へのテストセーリングから帰って間もなくの頃訪ねて来られたので、彼の計画に耳を傾けた。

「筏で太平洋を渡って、オキアミを食糧として利用するように国連へ働きかけたい」。

彼の計画に協力した。太平洋の様子や出航時期、そして筏を黒潮に乗せる位置などの話をした。

イナンナの無事を願う

数日後筏ができた。三保の内海に浮かべられた筏を見た。長さ5メートル位で直径10センチほどの竹を編んだもの。幅は3メートル位。後部にはラダー（舵）が置いてあった。丈夫で見事な出来栄えのラダーだった。川崎昌平氏が作ったという。漂流するのに必要だろうか？　と思った。後ろ半分くらいを2段にして少し高くしてあった。「ここに無線機を置きたい」と言うので私は首を傾げた。無線機を置くということは、バッテリーや発電機そして燃料をも置くということになるからだ。

太平洋の様子は話してある。私の認識では、筏は海面すれすれで、いつも波に洗われている。時にはひっくり返ることもあるだろう。乗っている本人も乾く暇がないほどだろう。それを覚悟しての航海だと思っていた。認識の違いを感じた。

数日後、出掛けたとの連絡を受けた。神津島付近まで漁船に曳航してもらい、そこから黒潮に乗って漂流を始めたという。

この場所を教えたのは私。だからなおさら元気でいてほしい。

36日目　6月22日（土）　南東の風　風力2　霧
風が変わった

北緯42度08分　西経168度46分

　久しぶりに薄日が差し込んできた。今日の薄日は最近には珍しく長時間差し込んでいた。陽が出たので元気になり1日中作業した。良ちゃんはNo.1ゼノアの修理、私は船内の掃除と航海灯へのパテ詰めなど。

　床板を外してカンナで削り陽に干した。硬くなって外れない所が多い。なんとか外れてくれればカンナを掛けられるのだが。

　外れないのも無理ないと思う、なぜなら霧がひどく視界が50メートルから100メートル位で、ピットに座っているだけで身体がじっとりしてくるからだ。

　スノコを干すといっても、陽の差し込む時を見計らって急いで干すわけ。

　この辺りでは朝晩に風が強くなる。名付けて朝吹き夕吹き。強くなった時は風力にして1くらい上がる。

　今日は久しぶりに、風がE以外の方向に移ってくれた。Eの風が5日間も吹き続いたので、NEへ行ったりSEへ行ったりで、もううんざりしていたが、今日はいい。ダイレクトに目的地へ向かっている。

　1日中針路90度、速度3ノット。
　14時、南風に変わった。16時からは修理したNo.1ゼノアジブを揚げ、速度4ノット。気圧は朝から1027だった。

37日目　6月23日（日）　南西の風　風力3　霧
イナンナの金子さん救助される

北緯42度08分　西経166度27分

　　SWから5メートルの風が調子よく吹いている。艇はEへ4〜6ノットで走っている。日付変更線を越えて以来ここ数日のことを思うと、比較にならないほど効率がいい。

　　この分だと1日に2°〜3°はEへ進むことができる。フルセールで観音開き、快調だ。

　　朝の無線交信で、イナンナ号の金子健太郎さんが救助されたことを知った。よかった、ほんとうによかった。

　　救助したのは焼津の漁船だという。ありがとう、よくやってくれました。時化模様の海上で救助に手間取ったと聞きました。

　　金子さんは、腎臓結石で苦しみSOSを出したそうだ。船体を放棄し航海を断念したという。無念だったと思うが、生きていればまたやることもできる。誰しも命はひとつしかないのだから大事にしなくてはいけない。

　　SOSを出した割に金子さんは元気だったそうだ。そのことについて一部のマスコミが非難がましく書いたと聞いた。

　　SOSは屍を拾いに来てもらうためのものではないはず、生きているうちに助けに来てもらうためのもの。SOSを出しながら、救助された時に元気であってはいけないとか、死んでいなければカッコウがつかないということはないはずだ。救助された時に生きていて、かつ、元気であればそれに越したことはないと思う。

　　SOSとかOSOはその危険にさらされた時に発するもので、どうにもならなくなってから発するものではないはずだ。決断良く発するのは難しいだろうが、1段階前の時点で発してちょうどいいように思

う。海難事故で尊い命を失った後、いつも繰り返されるのは「もうすこし早ければなんとかなったのに」ということだ。

　１段階早くSOSをと言っても、独自の努力をそこそこにして外部に助けを求めてもいいということではない。言うまでもなく自船は最善を尽くすべきである。

　こういったことについては（特にSOSを発する時期）、出航前に清水海上保安部警備救難課のみなさんと話し合ったことがあった。その時、私の考え方に間違いないことを確認している。

金子さんが救助されてよかった。

　艇は快調に走っている。針路90度、サンフランシスコへの最短コースということ。

38日目　6月24日（月）　西の風　風力3　霧
霧が深い

北緯42度08分　西経164度11分

　今日も霧が深い、300〜500メートル位の視界。ピットにいると服がすぐベトーっとする。

　太陽は10日以上出ていない、時々薄日が差し込むが天測には不充分だ。それにもまして霧が深いために水平線が解らない。薄日をとらえて天測したが精度に確信が持てない。

　船位を出すのには、針路と速度を細かく記録し、それを元に船位決定用図で作図して推定位置を出している。推定位置には海流は計算に入れていないから実際はもう少しEへ進んでいるだろう。

　この辺りの海流は、EないしSEへ1日14マイルだとパイロットチャートに書いてあった。

海流を計算に入れないにしても船位を出すのは楽ではない。緯度が変われば経度の距離も変わるからだ。例えば北緯40度では経度1度が46.6マイル。42度では44.6マイルで82.68キロメートル、1分は1378メートルという具合に計算しなくてはならない。

　推定位置の割り出しは重要な作業だ。
　この頃はティラーを2時間交代で持っていたが、その間に走った方向と速度を、チャートテーブル上のメモ用紙に記入する。例えば、6時から針路90度で速度4ノット、7時30分からは85度で5ノットという具合。
　クルーの良ちゃんも記入する。ティラーを縛ったままの時はすべて私が記入している。ナビゲーターは私、艇長の役割。夜ワッチオフの時に1日分を集計する。メモを基に位置決定用図に記入する。昨日の位置を出発点にして何度方向へ何マイル、何度方向へ何マイル走ったと線を引いていく。1日分引き終わった地点がその日の推定位置。昨日の位置から直線を引き、何度方向へ何マイル進んだかを測ってチャート（海図）に書き込む。経度1度の正確な距離は本で調べる。単純計算では端数切り捨てによる誤差が出るので、正確な数値を本で調べる。そしてチャートから北緯何度何分、西経何度何分と割り出す。
　最初の頃はグラフ用紙を使っていたが、今は船位決定用紙を使っている。グラフ用紙は1冊しか積んでこなかったのですぐに終わってしまった。
　船位決定用紙の1目盛りは6センチ、1マイル1ミリで記入する。物差し、分度器そしてコンパスを駆使しての作業になる。楽に出る日もあるがジグザグ走った日は手間がかかる。だが重

要な作業だ。

　この作業を手抜きすると位置がずれてしまう。位置がずれると目的地への針路を誤る。

　一番肝心なのはメモだ。この段階での誤差を少なくすることが肝要だ。人それぞれの癖があるのでその人の癖を早くのみ込むことが肝要。指示した針路より風上に向かう人、風下に向かう人、フラフラする人などさまざまである。幸い、良ちゃんには大きな癖はなかった。

39日目　6月25日（火）　西の風　風力3　霧
初めての行水

北緯42度03分　西経161度10分

　久しぶりに気温が20度を超したので、今日は出航後初めての行水をした。デッキでオールヌードになって、バケツに海水を汲んでタオルでゴシゴシ。石鹸をつけたが泡が出なかった。行水の後、パンツとシャツを新品に交換。

　行水中は寒かったが終わってからは身体がポカポカ。とてもいい気持ちになった。風呂上がりの気分から風呂でのぼせる分を引いたのと同じ気分だ。また明日もやることにする。

　日本時間で11:00に予定してあった征ちゃんとの無線交信は、空中状態が悪くてダメだった。

　17:30に清水の伊藤さんにQSP願って征ちゃんの所へ電話してもらい、17:40から征ちゃんと交信することができた。約30分間いろいろ話をした。武靖はヨットのプラモデル、二朗は自動車のプラモデルを欲しいという。征ちゃんにも何か考えよう。

さっぱりした

　朝から暖かい日だった。肌着を交換したのは久々だ。汗をかかないので気にならないでいたが、身体を洗ったタオルは黒くなった。パンツは100枚積んできた。2人分で100枚だ。使い捨てということ。開襟シャツも100枚積んであるが、このパンツとシャツは差し入れだったと記憶している。
　15時、霧がなくなり曇り空になった。風は西南西から風力1、気圧1029、針路90度、速度2ノット。18時30分から22時までエンジンを廻してバッテリーを充電した。この間は速度4ノット。
　"ホカヘイ"号の伊藤さんには随分とお世話になっている。今日もQSP（伝達）してもらった。伊藤さんとはヨット仲間であり無線友達でもある。出航前の一時期は毎日のように無線で会話していた。伊藤さんありがとうございました。

40日目　6月26日（水）　南西の風　風力2　曇り
ロランチャート入手

北緯41度39分　西経157度10分

　昨夜、清水との交信で00：30の船位が出た。41度39分N、157度10分Wだった。推定位置よりEへ進んでいるがこれは海流の影響だろう。予定どおりだ。

ロランチャートがなく太陽も出ず、船位決定に苦労した数日だったが、昨日、静岡の杉本さん（JA2AJF）がこの海域のロランチャートを入手してくれた。これからは、ロランでの測定値を無線で連絡すれば、ポジションを割り出してもらえる。
　杉本さんには大変お世話になっている。まだ面識がないが、日本へ帰ったらさっそくお礼に伺わなくてはならない。
　今日は、朝から3枚張りで走っている。ジブはウェザー（風上）にNo.1ゼノア、リー（風下）にレギュラー、メインはフル。出航後初めての試みだがヘルムも良くスピードも出ている。しかし、夜半から風波が強まり、22:00レギュラージブに2ポイントリーフのメインに交換。
　太平洋は、吹き出すとすぐ風波が増す。

　正確な位置を把握できたことは大きな収穫だった。とてもありがたいことだった。杉本さんありがとうございました。
　推定位置より1度。45マイルほど東へ進んでいた。東へ進んでいたので得をした気分になった。潮流の影響で東へ進んでいるだろうとは思っていたが得した気分。南へは24マイルほど流されていた。ここら辺りの海流は東ないし南東へ1日14マイルだとパイロットチャートに書いてある。当たっていた。
　パイロットチャートは、何十年ものデータを統計して、確率で記してある。風向、風力、潮流などを1ヶ月ごとに記してある。6月の北太平洋版を見ればこの水域の状況が解るということだ。

41日目　6月27日（木）　南西の風　風力4　曇り
　　　5度目の時化

北緯41度46分　西経153度57分

　昨夜は悪戦苦闘した。夜中に、セールチェンジしてエリアを落としたにも関わらず、なお、ヘルムが悪く風波が強かったので、全身振り絞ってティラーに取り組んだ。今まで、夜は寒いと思っていたが、昨夜から今朝にかけては、寒いどころか汗をかいていた。そのため2人ともヘトヘトになった。

　07:00、朝食もできず風波なお強く気圧も低下しつつあるので、漂泊することに決める。久しぶりに着るカッパに身を固めて再度デッキへ飛び出した。出てみてびっくり、よくまあこの風波の中を走っていたと思いゾッとした。ここしばらくの間平穏な日が続いていたので、余計にそう感じたのかもしれない。

　いつものように、シーアンカーをスターンから100メートル流し、流失しそうな物は中へ取り込み、ティラーをしっかり固定して荒天準備終了。

　クタクタになっていたので、その後2人とも8時間眠り続けた。食事もそこそこに。

　午前1時に風力4、気圧1018だったのが、午前8時には風力5、気圧1015になった。風力は6に近い5だ。急速に荒れ出した。
　日付変更線を越えてからは初めての漂泊。通算5度目だから荒天準備には慣れた。今日は風の割に波が悪い。潮流の影響もあるだろうが、ここら辺りでは数日前から風が強かったということだ。風が強くなってもすぐには波は立たない、大波が立つまでには2～3日かかるからだ。

42日目　6月28日（金）　西の風　風力3　曇り
4分の3走破

北緯41度49分　西経152度53分

　朝食後、漂泊を解除して、レギュラージブに2ポイントリーフのメインで走りだした。シーアンカーの100メートルロープを収納するのも、慣れてきたせいか億劫にならない。

　いつものことながら、漂泊を解除する時の決断が難しい。身体の方はこのままゆっくりしたがるし、心の方は早く走り出したがる。この双方が頭の中で張り合った結果、後の方が強くなれば漂泊を解除するわけだ。

　漂泊していると、ローリングしているので、海上が穏やかになったのに気付きにくい。つい、半日ぐらい長居をしてしまうようだ。しかし今日は別、グットタイミングで走り出した。それだけ、先を急ぐ気持ちが強くなってきたのだろうか。

　シスコまでもうひと頑張りだ。全体の4分の3は来たと思っていいだろう。しかし、ここまで来て時化に遭うとは思っていなかった。

　7時30分に漂泊の解除作業を開始した。作業は20分位で終わった。

　8時には西の風、風力3、気圧1018の中を針路90度、速度4ノットで走っていたが、15時には風力2に落ち速度も2ノットになってしまった。18時には風が西北西に振れて、風力1、気圧1021、速度2ノット、針路75度。

　気圧が上がり海も静かになってきた。

43日目　6月29日（土）　西北西の風　風力1　曇り
　　　飛び込んだ

北緯41度13分　西経151度50分

　昨夜から、バタン、バタンとシバーさせながら2ノット位で進んできたが、朝になっていよいよ風落ち、とうとう1ノットになってしまった。

　今日は、暖かく気温も22度、10:00頃には太陽も出てきたので、セールをダウンして船内の片づけを始めた。入港準備には早いがとにかく片づけた。そして、スターンチューブも増し締めした。両舷の、クォーターバースの荷物を全部出して、ひとつひとつ点検し、入用なものは小口箱に入れ替えて片づけは終わり。

　久しぶりに太陽が覗いたので、さっそく天測。今日は霧もなく海上も穏やかなので、精度は高いだろう。

　13:00、出航後初めて海に飛び込んだ。2人とも生まれたままの姿になってスターンから飛び込んだ。水は冷たかったが気持ちがよい。今度は交代でヌード撮影。局部を隠すのにカメラアングルが難しかった。

　16:00、ビールでカンパイ。何にカンパイというわけでもないがとにかくカンパイ。ビールを飲む時はこうした方が気分がいい。ツマミに、今日の片づけで出てきた牛肉の缶詰を食べた。出航以来、肉といえばコマギレくらいしか食べていなかったので、これはとてもおいしかった。2人で1缶ではすぐに終わってしまったが残りは後の楽しみ。

　海に飛び込むのは危険だ。セールを全部降ろしてあるとはいえ、いろいろな危険が伴う。でもこうした状況下では誘惑の方が強かったので交代で泳ぐことにした。

最初に良ちゃんが飛び込んだ。私は、飛び込むところをカメラに収めた。待機中は救助用のロープ片手に目を離さなかった。

マーメイドの堀江謙一氏が飛び込んだのもこの辺りだろうか、あの時はヨットが走り出した。『太平洋ひとりぼっち』の映画で観た。

太平洋の真ん中で

44日目　6月30日（日）　南の風　風力2　晴れ
コンテナー船と会話

北緯39度19分　西経149度25分（16:40）

　今日は素晴らしい1日だった。昨夜から続いたEの風も朝方にはSに変わり、船はアビームで4ノットで走り続けている。ティラーは縛ったままだ。波も小さく風も弱いが、No.1ゼノアを揚げたチェリブラは軽やかに滑っている。

　スピードは、1日に5回前後測定して推定位置を正確に保つよう努力している。この作業はとても楽しい。バウから空き缶を投げるのは良ちゃんで、スターンで時間を測るのは私の役。

　デートラインを越した後は、比較的穏やかな日が多く、安定しているものの風の弱い日が多い。しかし、微風に強い艇だと思っていたとおり、このチェリブラⅢ世は軽やかに走り続けている。一日に2°走るのはたやすいことで、3°近く走ることもある。

日中に艇の作業をすべて終えた後は、天測を楽しんだりロランの勉強をしたり航海記を読んだり、充実した1日を過ごした。
　最近、いろいろなことに興味が湧き、天測も今日は3回やった。天測については、出航前にあまり勉強できなかったので自信がないが、それでも、度を重ねるごとに精度も増すようになってきた。
　本は、全部で40冊位積んでいるが、およそ半分が航海に必要なもので、料理の本とか辞書とかが10冊位。俗に言う読み物は10冊前後だ。
　良ちゃんは、航海記をよく読んでいる。『ひねもす航海記』『太平洋ひとりぼっち』『スハイリ号の孤独な冒険』など。私はデートラインを越す前に『太平洋ひとりぼっち』を2度読んだだけで、その後は現在読んでいる途中の『スハイリ号の孤独な冒険』だけ。艇に積んである航海記は出航前の準備段階で何度も読んである。
　私は、天測、無線機、ロラン、エンジン、和文英文のモールス、旗流信号等の知識を補充するのに忙しい。下手な英語もなんとかしなくてはと思い「at」「in」「on」の使い分けなども勉強した。
　13：30頃、コーヒーを煎れていたら「本船がいるよ」という良ちゃんの声で外に出た。それは11時方向水平線上にWに向かっているタンカーだった。1万トン位だろうか。
　徐々に近づいて来て、微速で通過してしまった。500メートル位まで近づいたので、ミーティングできると思いジブを降ろしたにもかかわらず行ってしまったのでガッカリした。
　「薄情だなーあの船は」と2人ともブツブツ言っていたら、7時方向の水平線から白い船体がみるみる近づいて来た。減速はしているようだがあまりにも不意だったので、ミーティングどころかドッキングするのではないかと心配になった。明らかにチェリブラ目がけて走って来た。ジブを降ろし、スターンに掲げてある国旗を手で広げた。風

向きの具合で、後ろから国旗が見えなかったからだ。
　200メートルほどに近づいた時、メインを降ろしてエンジンを廻した。ニュートラルにしたまましばらく様子を見ていたが、この様子だと惰力がありすぎて少し行き過ぎてしまうようなので、前進に入れて反時計廻りした。相手にエンジンがあることを示してから本船と並んだということだ。
　大きい、高いビルのようだ。右舷に着けた本船はチェリブラを完全にブランケットし、この海面はプールのように静かになった。
　真白い船体には「NIHON」と書いてある。コンテナーを山に積んでEへ向いて止まった。NIHONのデッキには10人位の人がいた。ブリッジにも3人ほど。手を振り合った。
　NIHONは、もやいロープを降ろしてきた。こちらはフェンダーを用意した。しかし、接舷はしなかった。
　良ちゃんが「日本人の方いますかー？」と叫んだら、私がそうだとばかり、自分の鼻に人差し指を向けた女性がいた。その人はデッキにいる10人位の人のほぼ中央辺りにいて、黒っぽい服に薄いサングラスを掛けていた。
　「どこへ行くのー？」「サンフランシスコ！　シスコ！」全員がうなずいた。
　今度はこちらから「どこへ行くのですかー？」「スウェーデン」。
　そんな会話のあと、「正確な位置を聞くように」と良ちゃんに伝えた。良ちゃんは、メモと鉛筆を取り出して来て日本人に尋ねたが通じない。この日本人は船員ではなくお客様らしい。「ここのポジションを教えてくださーい」と聞いたら首を傾げた。「緯度！　経度！」良ちゃんが手まねを交えて説明するが通じない。
　相手は10メートル以上もあろう高い所なので、我々は精一杯首を上

に向けて怒鳴る。そうした間、私はティラーを持って両船の間を5メートル位に保っていた。

あまり通じないので私が「ファット ポジション イズ ヒヤー？」と怒鳴ったらデッキの外人が3～4人うなずいた。解ったらしい。上に行ってくるから少し待ってくれ、というジェスチャーを示した。こちらも「OK！ OK！」。

待っている間に写真の撮り合いをした。8ミリカメラでも撮った。それにしても何と高いこと、チェリブラのチッポケさをまざまざと味わった。

5分位待っただろうか、「ラジオを持っているか」という上からの声で、良ちゃんがナショナルのマリンNo.1を持ち出して来た。「FMに入れるように」と言うので良ちゃん「FMのどこ？」と聞くが答えはない。この距離ならどこでも入るだろうと思ったが、ラジオからは何も聞こえない。

どうやら無線機のことをラジオと言ったようだがこれは後で気が付いたこと。

結局は、25センチ×15センチ位のノートの紙にポジションを書き、ロープの先に縛って降ろしてくれた。船を1メートル位まで近づけて受け取り、また5メートル位まで離した。

その紙には、「39°19N、149°25W、740701、0320GMT」と記してあった。世界標準時1974年7月1日3時20分のポジションである。すなわち、我々のために今測定してくれたということ。ありがとう、ありがとうを繰り返してから手を振って別れた。

白い巨体はプロペラを廻して徐々に動き始めた。こちらもセールを揚げてオンコースを曳く。

思ったより南へ落ちている、なぜだろう。いろいろ考えた。結局、

第2章　チェリブラⅢ世航海日誌

コンパスに器差があることが解った。南への潮流も強い。

　微速で通過してしまった船は何隻かあったが、停船してくれたのはこの船が初めてだった。

　その名も「NIHON」、清水港を出て来たという。とても縁が深いと思った。

　チェリブラのトランサムにも「SHIMIZU」と書いてある。船籍港が清水という意味だ。とても嬉しかった。

　そしてまたまた、マーメイドの堀江さんのことを思い出した。マーメイドも本船と会話した。その時、パスポートを持っているかと聞かれたという話を思い出した。私は聞かれなかったが、パスポートも入国ビザもある。

止まってくれたコンテナー船：NIHON

45日目 7月1日（月） 南の風　風力2　曇り
　　　のんびり

北緯39度07分　西経146度35分（24：00）
　今日は、朝からのんびりした穏やかな日だった。
　水路誌を読んだりシスコのチャートを見たり、入港準備とまではいかないが、その場になって戸惑わないように下調べをした。シスコ湾内のチャートがなく、検疫錨地が解らないが何とかなるだろう。目指すセントフランシスヨットクラブは解りやすい場所にある。ゴールデンゲートをくぐってすぐに右へ入り込んだ所だ。
　湾内の様子を記した資料は、出航する少し前にシスコから帰国したヨット仲間の村松哲太郎氏がくれた。彼は日本航空のパイロットだ。シスコに立ち寄った折に集めて来てくれた。寄港するならセントフランシスが良いと教えてくれたのも彼だった。
　彼がくれたマリンレジャーガイドブックで湾内の様子が解った。これは、ヨットやモーターボートを対象に作られた簡易チャートのようなもので、各ヨットクラブの設備や潮の満干時間まで、とても詳しく載っていた。しかし、検疫錨地は載っていない。国内向けに作られたからだろう。
　船内時計は、日本より5時間進んでいる。
　日本時間で05：30、久々に清水と交信できた。征ちゃんの声も聞いた。最近、気が沈んでいるとのことで、交信しながら泣いていた。

　アメリカ大陸に近づいた、あと2週間はかからないだろう。入港準備には少し早いが、資料を準備した。
　アメリカ大陸でまず初めに見えるのは、ポイントレーヤーという岬。日本でいえば御前崎とか石廊崎といった所。この岬を

左に見て湾に向かう。サンフランシスコ湾は一番奥。ポイントレーヤーから5～6時間走った所。駿河湾でいえば清水港みたいな所だ。

ポイントレーヤーについては、水路誌に詳しく書いてあった。「霧が深く灯台が見えない日が多い、霧の日は霧笛も鳴らす」。海から見た写真も載っていた。霧に包まれて海面から数十メートルの所までしか見えない写真。この写真を頭の奥深くに叩き込んだ。

天気は安定していた。気圧は1030まで上がっている。コンパス角度80度、速度4ノット。針路はコンパスの器差を計算しての数値だ。

コンパスの器差は、6月1日（1ヶ月前）に取り付けたコンパスライトの影響だろう。コンパス偏差は修正している。ロランでの偏差も修正している。ロランチャートを入手して、こちらの位置を割り出してくれた杉本さんも修正してくれているものと思っている。

46日目　7月2日（火）　南の風　風力2　晴れ
あと10日か11日

北緯39度10分　西経144度21分（23:30）

　順調に吹き続けた風も、少しずつWに廻り始めた。昼過ぎからは、ティラーを縛ったままでは保針できなくなった。気圧は、1030から1033の間を行ったり来たりしている。

　水路誌には、「夏季の高気圧は37°40′N、150°W付近に中心を持つ事が多い」と書いてある。この高気圧の端辺りにいるのだろうか。

　シスコまであと一息だ。この調子で吹き続けてくれれば10～11日で

着くことになる。1日に2°東進するのは大変ではない、調子が良ければ3°近く東進できる。

　これから毎日、船内の片づけをすることにした。今日は、通路の床板を外して陽に干したり、アカを1滴残らず拭き取った。考えてみると、やりたいことが山ほどあるのに気付き、毎日順序よく作業することにした。

　夜、征ちゃんと交信できた。昨日よりは少し元気が出たようだ。本人も、もう大丈夫だと言っている。よかった。

　シスコ到着の日が読めてきた。7月12日か13日には着くだろう。元気が出てきた。
　朝晩は曇天だが日中は晴れる。艇は4〜4.5ノットで走っている。この天気が続くことを願う。

47日目　7月3日（水）　南の風　風力3　晴れ
　　　シスコまであと20度

北緯39度25分　西経142度10分（23:00）

　アメリカに着いたら何をしようか。
　シスコまではもう秒読みの段階。10本の指で数えられるようになった。フィニッシュ目指してラストスパートというところ。
　このコースで一番早かったのは"白雲"で、47日。その次は"チタⅢ"で、53日と記憶している。両艇ともチェリブラより大きい船で、白雲は4人、チタには4〜5人乗っていたはずだ。我々は記録を狙っているわけではないが、やはり気にかかる。出航前の計画では、60日で到着するつもりだったが、航海計画書には余裕を見て7月下旬、すなわち、60〜70日と書いたことを思い出す。

シスコまであと20°足らずだ。この調子なら10日間位だから、56日でゴールできることになる。しかし、事はそううまくいかないだろう。2〜3日の足踏みも見ておかなくては。それにしても60日目までには到着できそうだ。

　船は今日も快調に走り続けている。

　コンパス角度70度、4ノットで走っている。海流とコンパスの器差を計算しての針路だ。

　この辺りは北から南へ流れる海流がある。この海流に乗って南下する計画。

　日中は陽が出るので

天　測

天測できる。ロランがあっても天測は重要である。ロランに頼りすぎない。より正確な天測をするには、正確な推定位置の割り出しが肝要だ。推定位置は、3日前にコンテナー船NIHONに教えてもらった位置を基準に、2時間ごとに記入しているメモを基にして細かく割り出す。推定位置の誤差は天測結果の誤差を拡大するからだ。

　揺れ動く小さなヨットでの天測では、誤差が生じる。多少の誤差は仕方ないとしても、できるだけ少なくしたい。しかし、どうにもならない誤差発生の要因がある。海上高だ。天測した時の高さ、海面から目までの距離である。

　簡易天測表では、海上高5メートルが一番小さい数値。チェ

リブラでは1.7メートル。ドッグハウスの上に立って測っても2.5メートル。これ以上高い所では測れない。仕方ないから、海上高5メートルの数値で計算する。だから誤差が出る。どうにもならない誤差だった。

天測には慣れた。20分位で計算できるようになった。初めての時は2時間以上かかった。天測で現在位置を割り出すのには何度もの計算が必要だ。計算は暗算。この頃はまだ電卓は普及していない。算盤は積んでこなかった。湿気で玉が動かなくなることが解っていたからだ。

暗算はできる。簿記2級、珠算2級の資格を持っているから暗算は大丈夫だった。

48日目　7月4日（木）　南南西の風　風力3　曇り
　　　　眠い

北緯39度21分　西経139度53分（23:00）

　2時間交代の徹夜ワッチも、今日で3日目になる。そろそろ疲れが残りはじめてきた。何時もそうだが、徹夜ワッチの場合5日が限度だ。

　身体は休めたいし船はEに進めたいし。風向が変わるのを待つようになってきた。

　14:00〜16:00はオール　ハンズで作業。オール　ハンズと言っても2人だけ。手は4本、指は足まで入れても40本だけ（足の指は使いものにならない）。

　ギャレーを洗剤で磨き上げ、もやいロープは端止めし直し、トイレに詰まっていた荷物をフォクスルに移してトイレを乾かした。これが今日の入港準備作業。

　夜のワッチは眠い。眠いという言葉から感じるような生易しいもの

ではない。力を入れて目を開けている。力を抜くと目が閉じてしまう。一生懸命力を入れる。しかし、睨んでいるはずのコンパスもボケている時の方が多い。

　眠い。2時間ティラーを持った後は2時間休憩、というわけにはいかない。ワッチオフの時、ティラーを持たない時にやることがたくさんある。天測・無線交信・修理・船位の割り出し・針路の決定・航海日誌の記入などのほか、水・燃料・食糧のチェックも手抜きできない。食事の支度と片づけは2人で分担するが、その他は私ひとり。
　眠れるのは休憩時間の半分くらい、全く寝られない時も度々ある。日中も眠いが、夜は一段と眠くなる。

49日目　7月5日（金）　西の風　風力2　曇り
あと8日
北緯39度20分　西経137度45分

　この日の航海日誌には、推定位置・針路・天気・気圧・風向・風力・速度だけ記入してある。変化のあるごとに9回記入してある。この日の様子に関する記載はないということだ。
　眠気が強くて最小限の記載になったのだろう。
　相変わらず西からの風、日中は西北西に振れた。後ろから風を受けて走っている、舵を手で持ち続けているということだ。
　気圧は、午前0時に1032、正午に1030、夜10時に1028、徐々に下がり始めている。
　コンパス角度90度、速度4ノット、日中は3ノット。

17時からの4時間は、バッテリーチャージのためエンジンを廻した。バッテリーチャージは週に2回。1回に4時間の計画。
　エンジン燃料の軽油は120リットル積んできた。ポリタンクで6本積んだが、実際はもう少し多い。エンジンの燃料タンクに10リットル近く残っていたからだ。
　エンジンの燃料は1時間に1.5リットル消費する計算で10週間分（70日分）積んだが、実際の消費量は1時間に1リットル位だった。バッテリーチャージでは回転を上げないので燃料の消費が少ない。

50日目　7月6日（土）　西の風　風力1　曇り
　　　　気圧が下がり始めた
　　　北緯39度17分　西経136度20分

きれいな朝日

昨夜から今朝までは晴れたが日中は曇り。天測できないとい

うこと。
　気圧が下がり始めている、夜8時には1020。風力も上がり始めた。午前0時には1だったが正午には2、夕方には3、夜8時には4になった。
　速度も1ノットだったものが5ノットまで上がった。コンパス角度は90度だ。
　シスコまであと7日。

51日目　7月7日（日）　西の風　風力5　曇り
6度目の時化
北緯39度10分　西経134度10分

　15時、風力6になった。西からの風なので走りたいが、身体が休みたがっている。
　漂泊して2人ともバタンキュー。気圧は1009。
　シスコまであと6日。

52日目　7月8日（月）　北西の風　風力1　曇り
14時間眠った
北緯38度56分　西経133度19分

　昨日の夕刻から今朝まで眠り続けた。14時間眠った。
　朝6時、漂泊を解除した。海は静まっていた。
　7時、北西の風、風力1、速度1ノットだったが、昼から風が北に変わり風力3、速度5ノット、コンパス角度90度。
　シスコまであと5日。

53日目 7月9日（火） 北西の風　風力3　曇り
あと4日

北緯39度25分　西経130度55分（06:00）

　今日は、1日中順調に走っている。

　この頃、風向風力ともに変わりやすく、1日に3回位セール交換をしていたが、今日は1回だけ。06:00、ゼノアをレギュラーに変え、フルメインを2ポイントリーフにしただけ。

　ウィスカを張り、観音開きでEへEへと進んでいる。うねりがあるが風が順調なので気分爽快。

　入港準備もだいたい終わり、あとはトチらないようにシスコへ入港すべく、チャートを見たり水路誌をよく読んでいる。

　朝の無線交信で家の様子が解った。台風8号の影響を心配していたが、空瓶空箱が流された程度らしい。メーカーからの輸送が止まり、昨日は休養したそうだ。ちょうど、おばあちゃんが来てくれていたので、台風の夜も心配なかったという。よかった。

　12時、太陽が出たので久々に天測できた。6日ぶりの天測だ。安定した天気で順調に吹いている。北西からの風を受けて東へ4ノットで走っている。

　時化た後のパターンは決まっている。海は徐々に静まってきて、3〜4日すると凪になる。そして、徐々に吹き出して、7〜8日した頃また時化になる。日付変更線を越えた辺りからこのパターンが変わり周期が長くなったが、だいたいこのパターン。週に一度くらいの割で時化られていたということになる。これが最後の時化だろう。太平洋横断達成が指折り数えられるところまで来た。緊張と嬉しさが入り混じっている。

清水では台風8号が大きな被害をもたらしたという。降り始めからの雨量が500ミリになり、市内を流れる巴川が氾濫した。多くの家が水に浸かったというが、我が家は大丈夫だったと聞いてひと安心した。500メートル位離れた所の家々では、2階まで水に浸かったという。日本では7月7日のことだったので「七夕豪雨」と名付けられた。
　台風の来た日に、富士のおばあちゃんが来てくれていたというので安心した。毎月、月末から月初めにかけての忙しい時に、3日から1週間位来てくれるという。妻の母親も毎日曜日には来てくれる。電車とバスを乗り継いで1時間以上かかる所から来てくれる。感謝！　感謝！
　シスコまであと4日。

54日目　7月10日（水）　西の風　風力1　曇り
　　　ロランから煙

北緯39度31分　西経128度27分（03:00）

　05:00に目覚めて朝食をすませ、バッテリーチャージのためエンジンを廻す。
　風もないのでクラッチを入れた。この間、2人とも入港準備に忙しかった。今日の作業で入港準備は終わり、あとは髭を剃るだけ。
　13:00、カレーライスの昼食後に水浴をした。真水で身体を洗うのは出航以来初めてのことだ。1人バケツに半分ずつの真水で、バウで隅々まで洗った、シャンプーで頭も洗った。
　きれいさっぱりしたところで、No.1ゼノアを揚げてEへ4ノット。クロスホールドなので、ティラーは縛ったままで真っすぐ走る。
　良ちゃんがビール、私はチェリーブランデーを飲んで2人ともバー

スへ潜った。
　15:00、ロランを操作していたら、後ろの方から煙を吐いて作動しなくなった。取りはずして修理を試みたが手に負えない。

　午前中は西からの風、風力1、速度2ノットだったが、昼から風が廻りだした。12時からは北、14時には南東、20時には東南東、22時からは西。10時間で1周した。気圧は1023のまま。この日の推定位置割り出しは10回だった。
　潮流に乗って南下しているが、もう少し南に向けるためコンパス角度115度で24時間走ることにした。明日の12時までは115度で走るということだ。
　船位を出そうとロランのスイッチを入れたら煙が出てきた。収納ボックスの奥の方からの煙。慌ててスイッチを切った。ロラン本体をボックスから取り出して点検した。外部には焦げた跡はない。もう一度スイッチを入れたら本体の中から煙が出たので、すぐにスイッチを切り電源の配線も遮断した。
　鉄製の箱を開けて中を調べたら、部品がひとつ焦げていた。周辺部品への影響は解らない。ロランが壊れたということだ。予備部品は積んでいない。
　せっかく杉本さんがチャートを入手してくれたのに、これからは天測と推定位置だけで船位を決める。原点に戻った。
　ロランは、出航の少し前に中古品を入手できたので取り付けた。24ボルト用なので変圧器を使って接続してある。船内は12ボルトだから、12ボルトを24ボルトに変換しているということだ。
　便利なのでつい頼ってしまったが元々は予定になかった計器。

今まで楽をして正確な位置の割り出しができたことに感謝しよう。「計器は壊れる」を体験した。

シスコまであと3日。

55日目　7月11日（木）　西の風　風力1　曇り
とても眠い

北緯38度52分　西経126度00分

　眠い、どうしようもないくらい眠い。今は21:20。あと1時間10分のワッチタイムが残っている。先ほどのワッチオフの時にほとんど寝ていないのがたたっている。メインのリーフやらエンジンの点検、燃料の補給、それに夕食も重なって寝ることができなかった。

　良ちゃんはいびきをかいて眠っている。良ちゃんはいいなあ。いろいろの作業は、私がワッチオフの時に行う。だから、良ちゃんはいつも正味2時間眠れる。

　それにしても今日は眠い。力を入れて目を開けている、力を抜くと目が閉じてしまう。

　この続きは後で書く。

　正午までコンパス角度115度で南下した。その後は90度。風力1、風は昨日の22時から西。今日の16時には北へ変わって風力2。穏やかな海だ。

　ワッチオフの時でも眠れないことは多々あったが今日は眠い。海が穏やかだからなおさら眠くなる。だるさは感じない。

　清水を出て以来毎日総合ビタミン剤を飲んでいる。食事の栄養バランスまで考える余裕がない。料理の経験がない男2人が作る食事だから腹を満たすことが先決だった。

生鮮食料品はもうない、残っているのはレモン１個。ニンジンとジャガイモとタマネギは数個ずつある。乾燥野菜と缶詰はたくさんある。食糧は不足していないが栄養のバランスは取れていないだろう。総合ビタミン剤で不足要素を補おうということだった。

　総合ビタミン剤は、製薬会社に勤める人からの差し入れだった。小袋に２粒ずつ入った試供品でこれを段ボール１箱くれた。たくさんの量だった。かさばるので出航前に開封し、小袋を開けて中味だけを取り出した。15センチ位のタッパーに入れたら２個で収まった。乾燥剤を入れてあるから湿っていない。

　シスコまであと２日。

56日目　７月12日（金）　北の風　風力４　晴れ
到着前夜

北緯38度13分　西経124度21分（09:00）

　終日すばらしい天気だった。朝方に「朝日がきれいです」と良ちゃんに起こされ、ちょっと覗いて、またバースへ潜りこんだが、あの時もっとゆっくり見ておけばよかった。

　日中は雲ひとつない出航以来の快晴。こんなに長い時間好天が続いたことは今までにない。今までは、２～３時間晴れ間が覗くとすぐに曇ってしまった。夜も満天の星を仰ぎながら順調にＥへ走った。風は北風で３～４メートルの間。多少うねりがあるがヘルムを狂わせるほどのものではない。

　私のナビゲーションによれば、22:00には、ポイントレーヤーの灯台が見えるはずなのに24:00になっても見えてこない。船は５～６ノットで走っているからもう見えてよいはず。明朝06:00時にシスコへ入

港できると思っていたが、少し遅れるかもしれない。
　オールナイトで2時間交代のワッチを続けてきたが何も見えない。
　久しぶりにカッパを着てピットに出てのワッチ。この辺りの夜は冷え込む。寒い、ガタガタしながらティラーを握った。
　シスコよお前はどこに隠れた、早く出て来い。

　最初に見えるアメリカ大陸はポイントレーヤーのはず。ここには灯台がある。灯質はしっかり確認してある。霧が深くて見えないことが多いから霧笛も鳴らしている。今は満天の夜なので見えるはずだ。灯台の光の到達距離から計算すると、22時には見えるはず。11時方向に見えるはず。このことは良ちゃんにも念を入れて教えてある。
　見えない。霧笛も聞こえない。寒さに耐えながらの緊張した時間だった。あわてなくてもいい、水は70リットル、エンジン燃料は45リットル、食糧もたくさん残っている。
　シスコまであと1日。

57日目　7月13日（土）　北の風　風力4　晴れ
着いた

　03:00、アメリカの灯が見えた。初めて見るアメリカの灯台だ。それは、Fl・15秒だった。ストップウォッチで何度も計った。GpFlではないかと目を凝らして見た、しかしそれは間違いなくFlの15秒だった。
　チャートを何回も睨む、なぜなら、Fl・15秒の灯台は「モントレー灯台」。予定コースよりも遥かに南の地点で、その距離はおよそ90マイルあるからだ。

こんなはずはない。推定位置とはいえポジションは詳細に割り出してきた。信じられなかった。しかし信じるしかない、すぐそこにFl・15秒が光っているのだから。

　03：30、キャビンから出て海を見たら様子がおかしい。波の立ち方がおかしい。浅い。浅瀬で起きる波だ。洗岩があるとこういう波が立つ。とっさに、舵を持っている良ちゃんに「タック！」と怒鳴った。良ちゃんが舵を、私がジブシートを操作して即タックした。

　北へ上ることにした。北風が風力4なので20°が精一杯だった。もちろん、セールはNo.1ゼノアからレギュラージブに変え、メインも2ポイントリーフした。船はほとんど進まない。対水速度はあっても灯台はまだそこにある。潮流のためだろう。潮流については調べてあるが、この辺りはそんなに強いのだろうか。

　04：00、機帆走にした。やっと動き出した。灯台がゆっくりと横から後ろへと移動し始めた。

　04：20、右舷にアメリカ大陸が見えた。正確には大陸と言えるのだろうか。それは灯台のある島だった。険しい三角形をしたのが3つ並んでいた。しかし、それも折からのガスですぐに見えなくなった。

　ポジションがはっきりしないので少し不安が出てきた。その不安は、船の安全性に対するものではなく、シスコにいつ着けるかという不安だった。

　20°に転針してから2時間が過ぎたが何も見えてこない。あの灯台がチャートにあるとおりの位置、すなわちモントレー灯台だとしても、私の推定位置より90マイル南のものだとしても、そろそろサンタクルーズの北端が見えるはずだ。

　07：00、「漁船がいます」と言って起こされた。それは長さ5メートル位で両舷に長い竿を出し、その竿で船幅を広げて網を引っ張る、と

いうこの辺りの漁法をしていた。

　漁船に近づいてみた。漁船には1人しか乗っていない。50～60歳のオジサンだった。「ファット イズ ヒヤー？」。そして、シスコは

漁船：「あれがシスコだ！」

どっちですかと聞いたら、あれがシスコだと言って漁船の後方を指さした。「イズ ザット ポイントレーヤー？」あれはポイントレーヤーですかと聞いたが解らないようだ。とにかく、何度も「あれがシスコだ！」と言って大きなジェスチャーを繰り返した。あれがポイントレーヤーか？　そうなら話が解る。漁船のオジサンにお礼を言い写真を撮った。

　そして、その方向に走った。

　20分ほど走った時、かすかに何かが見えた。霧の切れ目に何かが見えた。

　ほどなく、それが大陸であることが判った。その大陸に近づいた。ポイントレーヤーだ、間違いない、水路誌の写真と同じだ。それにしても霧が深い。これでは灯台の灯が見えないわけだ。

　しばらくして、灯台家屋が見えた。山が朝日で赤く染まった。水路誌に書いてあるとおりだった。

　とうとうやって来た。アメリカへやって来た。もう大丈夫だ。ここまでくれば着いたようなもの、駿河湾に入ったようなものだ。ゴールデンゲートまではあと5～6時間。追い風を受けて、順調に奥へ入り

見えた！ アメリカ大陸：ポイントレーヤー

込んで行った。霧が深くて陸の様子が解らないが、次から次へと現れる突端は、私のナビゲーションどおりだったので気が楽。着いたかの気分で写真を撮りながら進んだ。ゴールデンゲートが見えるのも時間の問題だ。

　最後の船内整理が終わった頃昼食にした。もう食器を汚さないようにと、缶詰のご飯に缶詰のおかず。

　今までは2人で1包使っていた紅茶も、今日は1人1包ずつ。ここまで来て、もう節約することはない。そして、最後のレモンは1人半分ずつを入れた。おかげで、レモンを取り出した後の紅茶の量が少なくなってしまった。そのうえ、1人1包ずつなので今までより遥かに濃い、あまりうまいとは言えなかった。

　12:30、ゴールデンゲートを視認した。

　今日は土曜日なのでヨットが多い。大きいの小さいのいろいろ出て来た。

第2章　チェリブラⅢ世航海日誌

　ゲートの手前は潮が強い、水路誌によれば6ノットを観測したこともあるそうだ。折からの白波と潮がぶつかって飛沫(しぶき)を上げている。

　13:30、心配したほど潮の影響を受けることなくゴールデンゲートを通過した。

遥か前方にブリッジを視認

　良ちゃんは、写真を撮るのに必死で船の方は無関心。ジャイブした時ブームに頭を打たれそうになった。

　ティラーを持ちながら、私も写真を撮った。しかし、その数は少ない。見とれていたからだ。

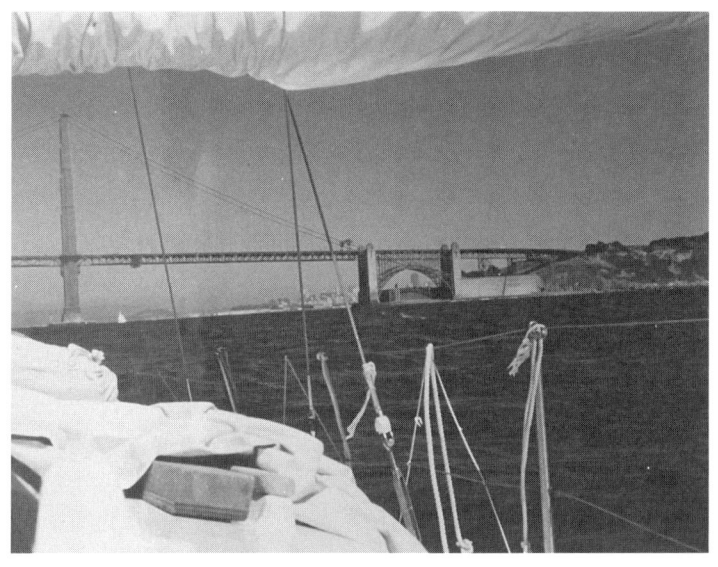

とうとうやって来たサンフランシスコ

海は一面白波。でも、追手なので帆走は楽。2ポイントリーフしたメイン1枚だけを揚げ、ジブはもう畳んでフォクスルにしまった。
　初めて見るシスコの街。いろいろ読んで想像はしていたが実物は迫力がある。
　ヨットが本船航路を平気で走っている。でも慣れたもので、本船が来ると右へ左へと皆適当にかわして行く。
　ここのヨットは皆マストが低い。チェリブラも1メートル低くしてあるが、これと同じ感じ。みんな、ヨットを各自なりに楽しんでいる様子。他のヨットと比べることはあまりしないで、自分なりに走っている感じ。
　シスコの雰囲気を味わいながら検疫錨地に向かった。14:30、検疫錨地に投錨した。今日は土曜日なので、役人が来るかどうか分からないから停船時間を1時間と定めた。その間にスターンチューブの増し締めをし、コーヒーを飲んだ。
　15:30、予定どおり1時間待っていたが訪れたのは数隻のヨットだけ。アンカーを揚げてセントフランシスヨットクラブへ向かった。一面の白波を前から受け、思うように進まなかったが、岸寄りのブランケットを探しながら前進して、16:20、クラブ入口の入江に差し掛かった。
　奥に長いこの入江には、両側にヨットがびっしり並んでいる。100メートルほど入った右側の、アメリカ国旗を掲げたクラブハウスのベランダから、3人が手招きして、ここへ着けるようにと言ってくれた。
　16:30、ゲストバースに接岸した。
　接岸してから気付いた。ここは「GOLDEN GATE YACHT CLUB」だった。セントフランシスはもう少し奥だという。この入江には2つのヨットクラブがあったという訳だった。

第２章　チェリブラⅢ世航海日誌

夢にまで見たゴールデンゲート

　ここの人たちはとても良くしてくれ、それに、どうしてもセントフランシスに入らなければならないという理由がなかったので、このクラブにお世話になることにした。
　10日間のビジターにしてもらい、クラブ旗の交換も済ませ、日本に電話して征ちゃんの声を聞いた。

　初めて見たアメリカの灯火は、ファラロン環礁だった。ここは"コラーサ"号が遭難した所。危なかった。今はここに灯台が新設されていた。新設された灯台は、90マイル南のモントレー灯台と灯質が同じだった。これは後に解ったことだ。コーストガードのお偉いさんに抗議したら「100マイル離れている」という説明。私にとっては「たったの100マイル」。
　ポイントレーヤーの灯火は見えなかった。霧笛も聞こえなかった。ポイントレーヤーの横を通り過ぎて、ファラロン灯台

着いた！ サンフランシスコ：ゴールデンゲートヨットクラブ

が見える所まで行ってしまったということだった。満天の星を仰ぎながらだったので、灯台が見えると思っていたのが甘かった。霧は、山を覆い海面近くまでかかっていたので灯台は見えなかった。往復7時間ほどロスしたが、推定位置・ナビゲーションに狂いはなかった。

　水路誌の情報は的確だった。「灯台家屋が見える」「朝日で山が赤く見える」写真も全く同じ。たまたま同じ角度から見たということだったが、同じだった。

　大陸に近づき、霧の合間から、一瞬だが灯台家屋が見えた時は「着いた」と思った。興奮した。写真を撮った。必死で撮った。長年の夢を達成した瞬間を撮った。水路誌と同じ写真が撮れた。

太平洋を横断した達成感に満ち足りた一瞬だった。時に1974年7月13日7時30分。

　長い1日だった。
　朝3時、ファラロンの灯火を視認。
　3時30分、転針して針路20度。
　4時、エンジンを廻して機帆走。
　4時20分、ファラロン灯台を視認。
　7時、漁船と出会い針路90度に転針。
　7時30分、ポイントレーヤー通過。
　8時、1つ目の岬を越えて針路100度に転針。
　9時、2つ目の岬を越えて針路110度に転針。
　12時30分、ゴールデンゲートブリッジを視認。ジャガイモやタマネギ等を捨てる。
　13時30分、ゴールデンゲートブリッジ通過。イエローフラッグを掲揚。
　14時30分、検疫錨地に投錨。
　15時30分、ヨットクラブへ向かう。
　16時30分、ゴールデンゲートヨットクラブ桟橋に接岸。

　遥かかなたの正面に、うっすらとゴールデンゲートブリッジが見えたのは12時30分だった。2人とも歓声を上げた。
　追い風に乗って艇は順調に走っていた。速度5ノット。みるみるうちに近づいてくるゴールデンゲートブリッジに、無言で見とれた。
　ブリッジをくぐる直前に、ブリッジを見上げた時には感激が

頂点に達した。「とうとうやって来たサンフランシスコ！ 夢にまで見たゴールデンゲートブリッジ！」。この言葉が心を焼いた。日本を出てから55日と21時間30分。
　これまでの道のりは長かった。感激に酔うとともに、これまでのことが走馬灯のように頭を駆け巡った。
　サンフランシスコは、この航海にとってひとつの寄港地にすぎない。それなのに、幾度もの時化を乗り切ったという歓喜から、全航程を乗り切ったかのような錯覚と興奮に駆り立てられた。
　清水港ヨット協会やアマチュア無線家を軸とした多くの方々の支援を受けてここまで来られた。感謝。感謝。感謝。
　初めて、ヨットで太平洋を渡りたいと思ったのは20歳の時、1964年の正月だった。今は2014年の正月。あれから50年。

第２章　チェリブラⅢ世航海日誌

あとがき

　この後、サンフランシスコから姉妹都市のストックトンへ、そしてハワイ諸島のオアフ島・ハワイ島を巡り、赤道近くのファニング島で新年を迎えた。
　太平洋横断で満足のゆく外洋帆走ができ、初期の目的を達成したので、その年の５月に日本へ帰ることにした。４年間で世界一周する計画を変更して、１年間で太平洋一周の航海にする旨を、ハワイの共同通信社へ伝えた。時に1975年１月９日のことだった。
　タラワ・クサイ・ポナペ・トラック・グアム・パガン・サイパン・父島・安良里を経て、５月18日に清水へ帰って来た。清水では大歓迎を受けた。
　思い切り帆走して満足した。「ヨットで遠くまで行きたい、アメリカまで」というあの時の夢を成し遂げて、達成感に満ちた、とても充実した気持ちだ。
　長い間の念願を達成し、自分自身が満足して悔いのない人生を創ることに成功した。
　「自分の夢を成し遂げるための苦労なら有意義のはず。やりたいことをやるために努力し、苦労することが間違っているとは思わない。努力もしないで初めから諦める人よりはよっぽどましだろう」この考えを捨てなくてよかった。妻に感謝する。
　そして、この航海に協力して下さったすべての人に感謝の気持ちを捧げます。

あの時は幼児だった2人の子供もヨット好きになり、孫までもがヨット好きになった。3人とも世界選手権大会へ出るまでに成長し、長男は優勝して世界王者になった。
　妻よ子供よありがとう。

平成26年9月

杉山四郎

チェリブラⅢ世航海記 ―太平洋横断―

発行日	2014年10月18日　初版第一刷
著　者	杉山四郎
発行者	柳原浩也
発行所	柳原出版株式会社
	〒615-8107　京都市西京区川島北裏町74
	電話　075-381-1010
	FAX　075-393-0469
印刷／製本	亜細亜印刷株式会社

http://www.yanagihara-pub.com
© 2014 Printed in Japan
ISBN978-4-8409-7052-5　C0095

落丁・乱丁本のお取り替えは、お手数ですが小社まで直接
お送りください（送料は小社で負担いたします）。